# 夢を叶える
# おうち起業
## 子育てママのわくわくビジネスライフ

合同フォレスト

はじめに

# 時空を超えて働く新時代！

母親にとって、子どもの感動的な成長の瞬間はたくさんあります。

例えば、昨日はまだ言葉を話せない赤ちゃんだったのに、「ママ」と初めて呼んでくれた。

今まで抱っこが大好きだった子が、ある日突然、自分の足で一歩を踏み出して一人歩きを始めた。

また、いつの間にか絵本を自分でめくるようになったり、小さな手でクレヨンを握ってお絵描きを始めた姿も、親にとっては忘れられない瞬間です。

そして、保育園や学校から帰ってきて、初めてお友達の話を興奮気味に話し始める姿も、子どもの成長を実感する瞬間の一つですね。

これらの瞬間は、母親にとって子どもの成長の貴重な証しであり、心に深く刻まれる思い出となります。

「おうち起業」……これこそ、子どもの成長を見守り続けたいあなたにぴったりの働き方です。

「起業」と聞けば、ハードルが高く感じるかもしれませんが、この働き方は最も身近なところ、つまり「自宅」にあります。

インターネットのおかげで、今や自宅という「点」から、世界という「面」へとビジネスを拡大することが可能になりました。これは単なる仕事ではなく、あなたのライフスタイルの一部となったのです。

私たちは、さまざまな悩みを抱えています。

「自分のやりたい仕事ができない」

「自由な時間が持てない」

「職場の人間関係にストレスを感じている」

これらはすべて、私自身が経験し、乗り越えてきた課題です。

おうち起業なら、自分に合った仕事スタイルで、自分の時間を効果的に活用し、収入を得ることが可能です。

私はこれまで、自宅で結婚式の招待状やプチギフトをネットショップで販売し、累計10万件以上の取引を行ってきました。

ひと口におうち起業と言っても、さまざまな形があると思いますが、本書では、おうち起業に役立つ、実用的なノウハウを私の実体験をもとにご紹介します。

さらに、先輩ママ起業家たちへの取材を通じて、彼女たちの成功の秘訣や、子育てとビジネスの両立の方法をお伝えします。

「おうち起業」というあなたの新しい旅が、今、ここから始まります。

さあ、一緒に「おうち」で素敵なビジネスを始めてみましょう。

杉江　景子

CONTENTS

## 第2章 自分自身を見つめ直し、理想の未来への第一歩を踏み出す



## 第3章 ビジネスのアイデアから商品開発の第一歩

## 第4章 商品の魅力とブランド価値の最大化

第5章

## 夢を実現したママ起業家たちの成功ストーリー

## 第6章 おうち起業を叶える成功マインド

# 第1章

# 自宅からの挑戦

## ――子育てとビジネスの絶妙なバランス

# 今、なぜ「おうち起業」なのか？

「起業には興味があるけど、子育て中だから…」とためらっていませんか？

おうち起業は、まさに子育てと仕事の両立を可能にするライフスタイルです。

新型コロナウイルス感染症の影響で、多くの企業がリモートワークを導入し、その結果、自宅で仕事をすることが珍しくなくなりました。これにより、自宅での起業もより身近なものとなり、多くの人にとって魅力的な選択肢となっています。


さらに、妊娠、出産、育児といったライフイベントを経験するなかで、従来の職場環境では、仕事と家庭のバランスを取ることが難しいと感じている女性が多くいます。

そのため、**キャリアを継続しながらも、家庭との時間を大切にできるおうち起業が、理想的な解決策**として注目されています。

図1―1の「独立・開業に興味がある割合」のグラフからも分かる通り、20代、30

**図 1-1 独立・開業に興味がある割合（男女・年代別）**

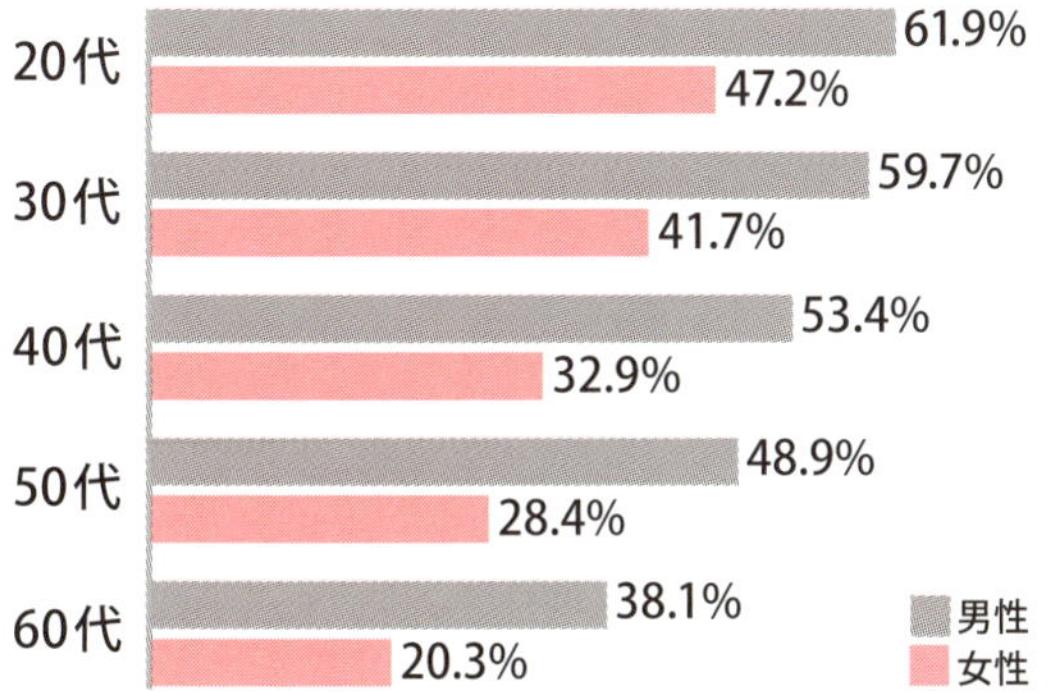


出典：マイナビ「2021 年版 独立・開業に興味がある割合（男女・年代別）」
（※ N = 18,905 ／単一回答）

**図 1-2 独立・開業を考えたきっかけ**

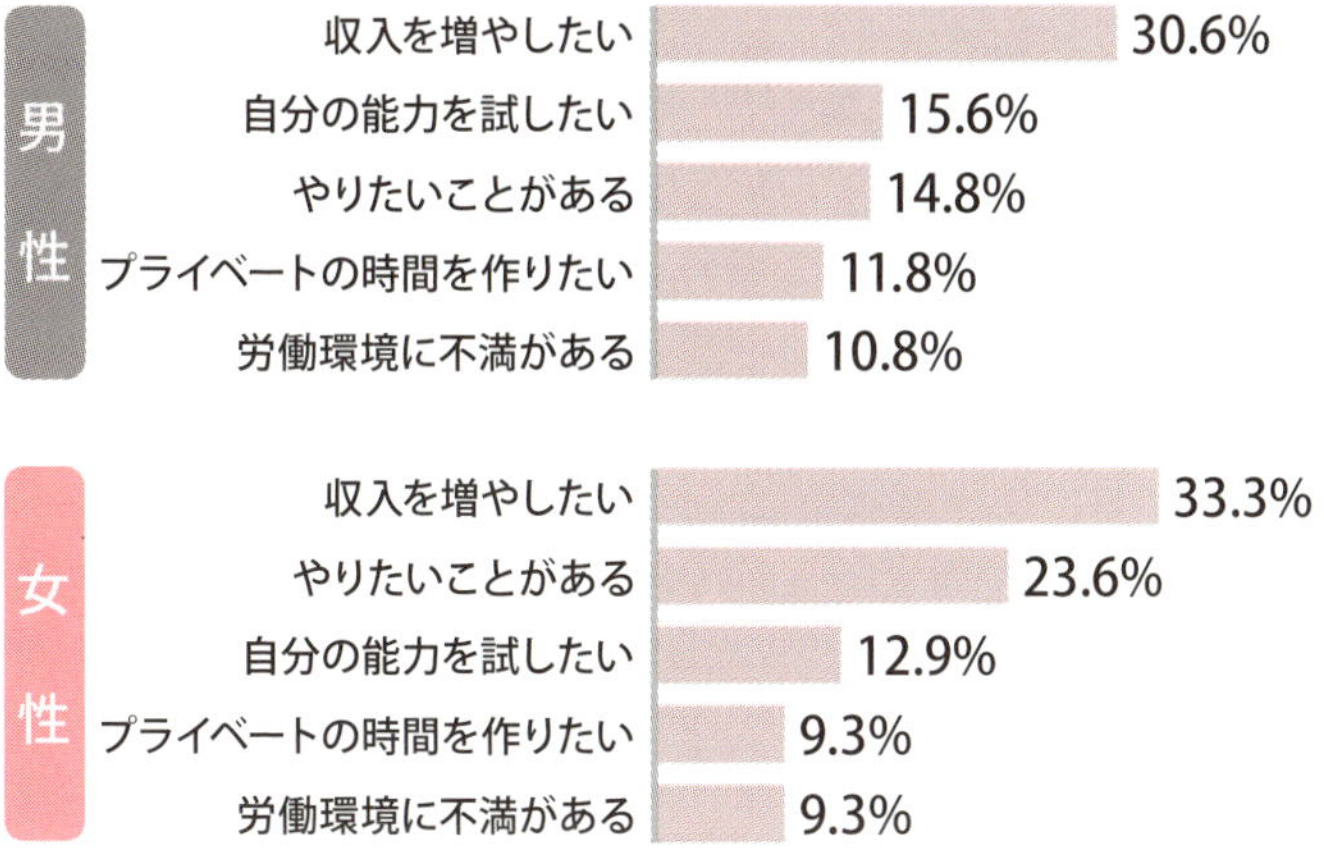


出典：マイナビ「2021 年版 独立・開業に対する意識調査」
（※ N = 1,000 ／単一回答）

代の女性のうち、40パーセントを超える方々が「興味がある」と回答しています。男性でもその世代では60パーセント前後の方々が同様に回答していますが、これらから、男女とも、出産・育児に伴うワーク・ライフ・バランスを重視していることが伺えます。

それは、図1―2の「独立・開業を考えたきっかけ」のグラフからも、「収入を増やしたい」が、ほかの項目を引き離していることからも分かるでしょう。

また、図1―3のグラフ「第1子の妊娠・出産を機に仕事を辞めた理由」では、「子育てをしながら仕事を続けるのは大変だったから」52・1パーセント、「子育てに専念したいから」46・1パーセント、「自分の身体や胎児を大事にしたいから」41・8パーセントを示しており、妊娠・出産・育児期にある女性が、いかに仕事と育児の両立が大変かを表しています。

その点、**おうち起業は、子どもとの絆を深めながら、自分の才能やアイデアを生かし、収入を得ることができる素晴らしい選択肢**です。

自宅を拠点にすることで、仕事のペースや時間を自由にコントロールできます。子どもが学校や保育園に行っている時間を利用して仕事を進めることができ、急な病気

図1-3 第1子の妊娠・出産を機に仕事を辞めた理由

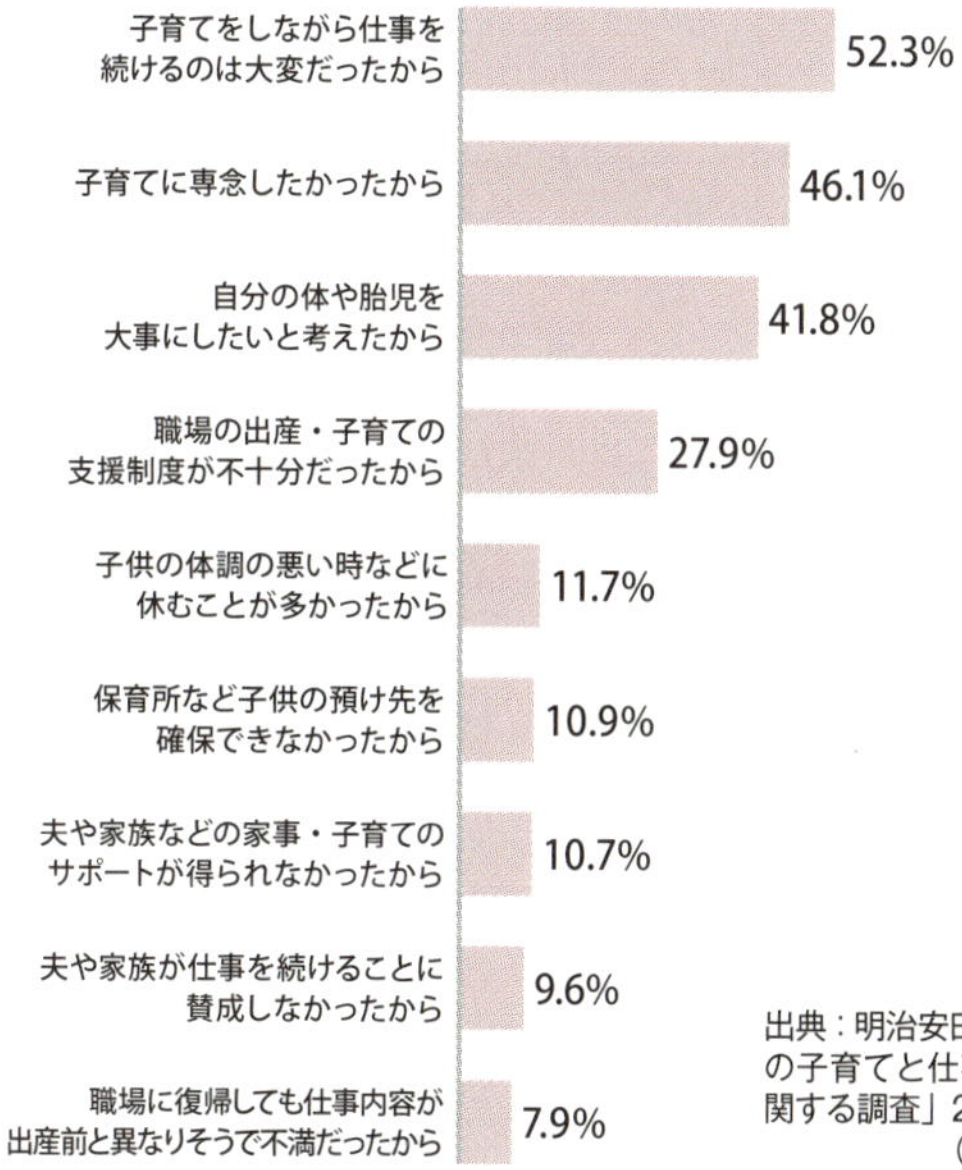


出典：明治安田総合研究所「25～44歳の子育てと仕事の両立 - 出産・子育てに関する調査」2018年
（※N＝1,139／複数回答）

や学校行事などにも柔軟に対応することで、効率的に日々を過ごすことができるでしょう。

さらに、**おうち起業では通勤時間がないため、その分を仕事や家族との時間に充てることができます**。自宅での仕事は、子どもに良い働き方の手本を示すこともでき、自分が楽しんで働く姿を見せることで、子どもたちにも前向きな労働観を育むことができるのです。

また、おうち起業で得た収入は、家計の負担を軽減するだけでなく、家族との豊かな生活の実現に繋がるでしょう。

もちろん、おうち起業がすぐに軌道に乗るとは限りません。特に最初の数年は、うまくいかないこともあるかもしれません。しかしそれは、あらゆるビジネスにも当てはまることです。

おうち起業成功への道は、時間をかけ、少しずつ自分らしいビジネスを築き上げる旅でもあるのです。

まずは、自分らしい未来を切り拓くチャンスを手に入れましょう！

## 私がＯＬをやりながら副業をして会社を設立するまで

２００９年、私のおうち起業は、自宅の一室から始まりました。２０２４年は創業15年、法人化して10期目となります。創業から約5年間は、日中はＯＬとして働き、夜は副業として自分のビジネスを運営するという「二足のわらじ」を履いていました。

私のこれまでの職歴を振り返ると、最初は飲食店でのアルバイト、次はOLとして働いていました。どこにいても居心地の悪さと違和感があったことを覚えています。

やがて、職場での小さな失敗が大きなストレスに変わり、仕事への自信を失っていきました。そしてある日、とうとう心身ともに限界を迎え、医師から「適応障害」と診断されました。

何度も転職を繰り返している私を見かねてか、尊敬する経営者の先輩から貴重なアドバイスを受けました。「人に雇われることが嫌なら、自分で仕事を始めてみてはどうか？」と。この助言は、これからの自分のキャリアについて考えるきっかけとなりました。そうして、転職のループから抜け出そうと決意した私は、ハローワークを通じて職業訓練校に通うことにしました。

半年間、パソコンのタイピングから始め、ウェブデザインやプログラミングなど、ホームページ作成の技術を学びました。インターネットの世界に魅了され、自分でウェブサイトを作成したり、パソコンの組み立てにも挑戦しました。

この新しい学びと経験が、私のキャリアに新たな方向性を示してくれたのです。

私が結婚式の招待状をネット販売することになったきっかけは、妹から「結婚式の費用を節約したいから、招待状を作ってほしい」と頼まれたことです。手作りの招待状は、今思うと人様にお見せできないような出来栄えでしたが、妹にはとても喜ばれました。

「もしかすると、他にももっと招待状を作ってほしいと思っている人がいるのではないか？」。そんな思いもあって、「ココサブ」という屋号で、結婚式の「手作り招待状」を販売することにしました。

初めは小さな規模で、ヤフーオークションでの出品からスタートしました。最初は月1、2件の注文しかありませんでした。しかし、自分でホームページを作成し、宣伝してみると、月30件程度の注文が入るようになったのです。

その後、結婚情報誌に広告を掲載するなどし、ホームページの露出度を広げると、一気に月100～300件以上と、どんどん注文が増えていきました。

1人ですべての業務をこなすのは忙しいものでしたが、目標を一つ達成するたびに、深い満足感がありました。そして、自分のやりたいことを仕事にできる喜びや、会社の「社長」という立場に憧れを抱くようになりました。

しかし、OLとして働きながら、副業として起業してから4年ほど経ったある日、健康診断で命に関わる病気の疑いを指摘されました。病院の医師には「1週間後に再検査をしましょう」と告げられました。その時の1週間は、私の人生で初めて「命」について深く考える時間となりました。「もしも余命が短いとしたら、残りの人生は後悔がないように、とことん好きなことをして生きたい！　夢だったココサブを会社にしたい！」と決意したのです。

幸いなことに、最終的な診断結果で病気の疑いは晴れましたが、この出来事は、私の人生における重要なターニングポイントとなりました。

このとき私は、「必ず1年後に会社を設立する」と心に誓いました。**自分の目標を明確に持つことで、進むべき道がはっきりと見えてきたのです。**

その後、目標を叶えるためにはどうすればよいか、一つひとつ逆算して計画を立て、あとはその計画通りに実行していきました。そして、脱サラし、2014年7月に「株式会社麻田」を設立しました。

## 家族と一緒に歩くおうち起業の旅

ひと口に「家庭と仕事の両立」と言っても、両立の仕方は人それぞれです。しかし、家庭と仕事のバランスを取るためには、家族や身近な人々とのコミュニケーションが欠かせません。

今思うと、私のこの起業という挑戦は、家族のサポートなしには成し遂げられなかったでしょう。創業当初、私はまだ独身で実家暮らしでした。私が夜遅くまで作業に没頭する姿を見て、専業主婦だった母は、私の仕事を積極的に手伝ってくれたのです。

そして2014年12月、法人化した約半年後に結婚。夫と家事の分担を決め、平等に協力し合う共有ルールを作ることにしました。そのおかげで、家事の負担を軽減でき、仕事にさらに集中することができたのです。

その後、妊娠・出産し、一児の母となった際には、さすがに「もう仕事が手に負えなくなるかも」と思いましたが、出産後は実家に帰り、子どもを母に預かってもらいながら、一日1時間だけでも仕事をこなしていました。

そして、子どもが生後半年になったころ、地元の「ファミリーサポートセンター」を週に2、3日、一日3時間ほど利用することにしました。ファミリーサポートセンターは、仕事や家庭の都合で子育てをしてほしい人と、子育てをお手伝いしたい人をマッチングするサービスです。

子どもが1歳になり、保育園に入園すると、ようやく本格的に仕事に専念できるようになってきました。夜はお風呂と寝かしつけを夫が、夕食と絵本の読み聞かせは私が、といった形で役割を分担したのです。

このように、**私のおうち起業の旅は、家族や周囲の方々の支えがあってこそ実現できました。**

多くの女性が、結婚や出産を境に、家事や育児が主な役割となり、自分の夢やキャリアを諦めることが求められる場面に直面します。

しかし、家族や周囲の理解と協力があれば、子育てと起業の両立がしやすくなります。自分の夢や目標を共有し、理解を得ることで、心強いサポートが得られるのです。

会社を設立してから10年。現在は店舗併用住宅を持ち、自宅の一部を事務所として活用しています。

スタッフは5名。小さなお子さんのいるママが中心です。私たちの会社は、小さなコミュニティのようなもの。子育てをしながら働くスタッフたちは、仕事と家庭のバランスを取りながら、お互いの仕事を補い合っています。

子どもが突然の発熱で休むことも珍しくありません。誰かが休んだら、その分、他のスタッフがフォローし合う。そのような状況のなかで、会社はスムーズに運営できています。

起業することは、ただ「ビジネスを始める」以上の深い意味があります。

**私にとって、起業は自分自身を見つめ直し、新しい自分を発見する旅でした。**何度も転職を繰り返し、どんな仕事をしてもうまくいかなかった私は、起業を通じて自分の本当の居場所を見つけ、心の健康を取り戻すことができたのです。

自分の発案で作った商品が、初めて売れた時の喜びは、本当に言葉では表せないものです。その瞬間、自分の仕事が社会にとって価値があり、お客様の声は、私の背中を押してくれる大きな力となっていることを実感しました。

確かに、起業は簡単な道のりではありません。多くの挑戦や困難があります。しかし、これまでさまざまな挑戦や困難を乗り越えてきたからこそ、些細《ささい》なことでは折れない強い心を持てるようになりました。過去の失敗や成功から学んだ経験が、新たな困難に挑むためのエネルギーとなるのです。

## 自分のペースで進められる、最高の仕事環境

自宅で起業する最大の魅力は、やっぱり子どもと一緒にいられる時間が増えること。私の場合、平日、子どもが幼稚園から帰ってきた後は、公園へ遊びに行ったり、クッキーやホットケーキを作るなどして、子どもとの時間を過ごします。

また、事務所にはパソコンや印刷機、ガムテープ、紙、はさみなど、工作に必要な道具がそろっています。子どもは工作が大好きで、一緒に戦隊ヒーローの「お面」や「武器」「変身アイテム」を作ったり、ダンボールでロボットや秘密基地を作ったりします。

これらの活動は、子どもの創造力を刺激し、私たち親子のコミュニケーションを深めることに役立っています。自宅での仕事がただの仕事の場ではなく、親子の絆を深めるクリエイティブなスペースになっているのです。

しかし、自宅での起業は自由度が高い反面、仕事とプライベートの境界があいまい

になることもあります。**私の場合、子どもが帰宅した瞬間は、いったん仕事をストップするという鉄則**を設けています。また、土日や祝日は、家族と過ごす時間を最優先にするというルールを自分自身に設けることで、家庭と仕事のバランスを維持しています。

このように、おうち起業は家庭との距離が非常に近いため、その距離感をうまくコントロールすることが必要です。

## 子育てから生まれるおうち起業の可能性

子育てをしながら、「こんなサービスがあったら嬉しいな」と思う瞬間はありませんか。

そのような瞬間は、単なる一時のひらめきではなく、**子育て中の母ならではの視点や経験から生まれる貴重なビジネスアイデア**なのです。

参考に私の3つの事例をご紹介します。

## ①赤ちゃんの写真を可愛く残すフォトシート

子どもが生まれた時のこと。一瞬一瞬の成長を、できるだけ手軽に、可愛く記録できる方法があればと思いました。しかし、それには次のような懸念材料がありました。

**●お昼寝アート（寝相アート）を手作りしたいけど、家事に育児に忙しくて時間がない**
**●毎月フォトスタジオへ行くのは大変だし、費用もかかる**
**●スタジオ撮影で、知らない人や慣れない場所だと、子どもは緊張して泣いてしまう**

子育て中の私は、日々の生活の中から商品アイデアを見つけました。赤ちゃんがリラックスしている自宅で、「寝相アート」のような写真が撮れるフォトシートを考案したのです。

このフォトシートは、模造紙のような1メートル四方の大きさの紙に、季節やイベントに合わせたイラストを印刷し、赤ちゃんを寝かせるだけで、気軽に月齢写真を撮影できる商品です。

赤ちゃんの成長を記録するフォトシート

自宅だとリラックスして、赤ちゃんの機嫌のいい時に撮影できます。ママにしか見せない「とびっきりの表情」を残すことができるのです。

また、赤ちゃんの成長を記録するための「月齢カード」もおそろいのデザインで用意しました。「1カ月」「2カ月」といった形で赤ちゃんの月齢が書かれたカードを赤ちゃんのそばに置いて写真を撮ります。これによって、赤ちゃんがどのように成長していったか、一目で比較することができます。

こうして、毎月、月齢カードを置いて撮ることで、リアルな子どもの

赤ちゃんの成長を記録する
月齢シートと月齢カード

成長記録を残すことができるようにしました。

## ②1歳の誕生日をお祝いする記念時計（成長時計）

子どもが1歳になったとき、それまでに撮りためていた成長の記録を何らかの形で残したいと考えていました。そこで思いついたのが、時計の文字盤に子どもの月齢ごとの写真を掲載するアイデアです。

生まれた時から1歳になるまでの、1年間の成長を刻む時計を作ったのです。

当時、このような記念品は他にあ

1歳の誕生日をお祝いする記念時計（成長時計）

りませんでした。この時計は、子どもの名前や生まれた日を印字し、1歳の誕生日をお祝いする特別な時計となりました。

　最初は我が家のためだけに作ったこの時計。けれど、義母が我が家を訪れ、成長時計を目にして驚きと喜びの表情を見せたとき、これはおじいちゃん、おばあちゃんなど、大切な人へのギフトとしても喜ばれるものだと気づきました。

　現在は、義母の家の応接間に大切に飾られているこの成長時間は、見るだけでその一瞬一瞬が、秒針が刻む音とともによみがえり、心に温かな思い出を運んでくれます。そして、訪れる人々に幸せを伝えてくれています。

また、子どもが大人になったときに、自分自身を振り返るきっかけにもなり、これからの新たな一歩を踏み出す勇気をくれるかもしれません。

## ③サンタとの約束プロジェクト

2023年12月、会社のブランディングを目的として、子どもたちが夢や目標を叶えるために、サンタクロースと約束を行うイベント、「サンタとの約束プロジェクト」を富山県高岡市で開催しました。このプロジェクトから得られる収益は全額、高岡市の「こども食堂「TOCCA」」に寄付させていただき、地元の新聞3紙にも大きく取り上げられました。

クリスマスが近づくと、子どもたちはサンタに会えることを心から楽しみにします。街のいたるところでサンタを見かけますが、日本では朝起きたら枕元にプレゼントが置いてある風習が主流です。
しかし本場フィンランドでは、子どもたちは手紙を書いてサンタに欲しいものをお願いします。そして、サンタがプレゼントを直接手渡してくれるのです。子どもたちは本当にサンタがいると信じ、クリスマス前はいつも以上にいい子になろうと頑張るそうです。

このプロジェクトでは、**子どもたちがサンタと「これまで頑張ったこと」や「これから頑張りたいこと」を約束します。**そうすることで、子どもたち自身が自分の意思で、目標に向かって頑張る気持ちを強く持つことができると考えました。
欲しいと思っていたプレゼントがもらえること。そして、これまでに頑張ったこと、これから頑張ることをサンタに伝えること。これらは、すべてサンタとの「約束」です。この約束を通じて、子どもたちは成長していきます。子どもたちが、頑張る力を育てるための「約束」。それが「サンタとの約束プロジェクト」です。

このイベント開催の経緯は、私と息子との2つのクリスマスエピソードをきっかけに誕生しました。

1つは、息子が2歳のときに保育園でサンタに会えたはいいものの、欲しいプレゼントをもらうことができず、大泣きしてしまったというエピソード。

そしてもう1つは、3歳のときに宅配業者さんにサンタ役を依頼し、「その年に頑張ったこと（英会話頑張ったね）」と「これから頑張りたいこと（来年は1人で英会話のレッスンができるようになろうね）」と伝えてもらったところ、息子はサンタとの約束を守り、1人で英会話レッスンに通えるようになったというエピソードです。

このことから、**サンタが直接子どもたちに本当に欲しいプレゼントを渡し、1年間の成果を称賛し、次の目標に向けて励ますこと**が、子どもたちの成長に大いに貢献するということを実感したのです。

この経験を多くの親子と共有したいという想いは、富山市の子育てママ向けイベントの企画・運営をしている高木奈津美さん（ファミーユ株式会社　代表取締役）との出会いによって、さらに具体化しました。

高木さんも子育て中のママ起業家であり、子どもたちの成長と夢を支援することに情熱を持っています。２人のママ起業家で連携し、従来のクリスマスイベントのような形式ではなく、**「子どもたちがサンタと直接コミュニケーションを取りながら夢や目標を約束し、達成に向けて進んでいく場を作りたい」**との想いから、この「サンタとの約束プロジェクト」が実現したのです。

イベント当日は、マジックショーとクッキー探しのゲームで大いに盛り上がりました。そして、クライマックスにはサンタクロースが登場し、子どもたちにそれぞれ心から望む「約束の贈り物」を直接手渡しました。その瞬間、子どもたちの目が輝き、喜びに満ちた姿は、忘れられない特別な時間となりました。

このように、日々の生活のなかで、ふとした思いつきが、アイデアへと変わる瞬間があります。そこから誕生したものが、自分の生活をより便利に、楽しくすることができたなら、とても素敵なことだと思いませんか？　そして、そのアイデアが多くの人に喜ばれ、利用されることで、あなた自身も大きな達成感と喜びを感じることでしょう。

みんなの役に立つ**「こんな商品やサービスがあったらいいな」**という想いが、**未来を変える可能性を秘めている**のです。

最近、5歳になった息子が、とても嬉しいことを言ってくれました。ハロウィンやクリスマスになると、商品のプチギフトを息子に持たせ、幼稚園や習い事のお友達や先生に配るのですが、喜んでくれるみんなの顔を見て、「僕も大人になったら、ママみたいなお仕事がしたいな。だってママが作ったもので、みんなが喜んでくれるから」と言ってくれました。

子どもは親の行動から多くを学びます。私が仕事を楽しんでいる姿を見て、息子も仕事の楽しさや価値を感じてくれたようです。

彼が、将来どんな仕事を選ぶにしても、親の働く姿が彼にとって刺激になればいいなと思います。そして、子どもには自分の道を、自信を持って歩んでほしいと思います。

読者のみなさんにも我が子にも、繰り返し伝えたいメッセージがあります。

「夢や目標を持ち、今できることから一つひとつ行動すれば、夢は叶う」

小さな成功体験を重ねることで、子どもにも「自分はどんなことでもできる」という自信を持って、成長していってもらいたいと思います。

子育ては、毎日時間が飛ぶように過ぎていきます。今はまだ子どもが「ママ、ママ」と駆け寄ってくる可愛い時期ですが、彼が中学生や高校生になると、もっと自分の世界が広がり、親から独立していくでしょう。だからこそ、今この瞬間がとても大切なのです。その「今」を逃さず、一緒に過ごす時間を大切にしたいと思っています。

**おうち起業は、子どもとの時間を大切にしながら、自身の夢や目標を追求することができるのです。**子どもにとっても、親が自立して働いている姿を見ることで、自己成長やチャレンジの大切さを学ぶ機会にもなります。自分が積極的に夢を追いかける姿が、子どもにも良い影響を与えると思っています。

## 時間を有効活用！　快適子育て&仕事ライフ

子育てと仕事、どちらも大切ですが、忙しい日々のなかでどうやってバランスを取るか、誰もが悩むことでしょう。でも心配はいりません。効率的に時間を管理する方法があります。まず、**何が最優先かを決め、必要なこととそうでないことをはっきりさせましょう。**

子育てと仕事の両立で充実した日々を過ごすには、時間を賢く使うことが鍵です。家事にかかる時間を少しでも削減することで、仕事や子どもとの時間を確保することができるのです。

私は、平日のランチは宅配弁当を活用しています。日々の献立を考え調理することは、意外と時間がかかります。宅配弁当を利用することで、その時間を節約し、美味しい食事も楽しめます。さらに、後片付けの時間も不要です。

また、家事の効率化には家電製品が大いに役立ちます。我が家は、お掃除ロボットを活用しています。細かな隙間の掃除は自分で行う必要がありますが、床面の大部分の掃除はお掃除ロボットに任せられるので、時間の節約になります。

洗濯に関しても、全自動洗濯機を使用し、洗濯から乾燥までを一気に行います。これにより、衣類を干す時間や取り込む時間が短縮され、日々の家事にかける時間を減らすことができます。

さらに、我が家には、アイロンがありません。子どもの幼稚園用のテーブルクロスや、夫の仕事用のシャツなど、ノンアイロンタイプのアイテムを選んでいます。家族が着る服も、できるだけシワになりにくい素材のものを選ぶことで、アイロンがけの時間を節約することができます。

このような**小さな工夫が、毎日の時間を有効に使い、おうち起業への時間を作り出しています。**

# 第2章

# 自分自身を見つめ直し、理想の未来への第一歩を踏み出す

# 限られた時間の中で自分らしい人生を送る秘訣

あなたは、「あと何日しか生きられない」という状況を想像したとき、どうしますか？

私の人生の目的は、一度きりの人生だからこそ、後悔しないように「やりたいこと・好きなことを楽しむ」です。人生最後の瞬間まで後悔のないように、全力でやりたいことを実現し、残りの時間を思いっきり楽しみたいと願っています。

死ぬまでの残り少ない時間を最大限に生きるためには、自分の人生の目的を明確にし、それを基に日々を送ることが求められます。

『死ぬときに後悔すること25』（大津秀一、新潮社、237ページ、2013年）には、「自分のやりたいことをやらなかったこと」「夢を叶えられなかったこと」という項目があります。

**人生の目的や、やりたいことを明確にし、それに向かって一歩ずつ進むことで、後悔を最小限に抑えることができる**のではないかと考えています。一日一日を大切にし、目標に向かって積極的に行動すれば、人生の最後に満足と喜びを感じられるかもしれません。

## 死ぬときに後悔すること25

1 健康を大切にしなかったこと
2 たばこを止めなかったこと
3 生前の意思を示さなかったこと
4 治療の意味を見失ってしまったこと
5 自分のやりたいことをやらなかったこと
6 夢をかなえられなかったこと
7 悪事に手を染めたこと
8 感情に振り回された一生を過ごしたこと
9 他人に優しくしなかったこと

10 自分が一番と信じて疑わなかったこと
11 遺産をどうするかを決めなかったこと
12 自分の葬儀を考えなかったこと
13 故郷に帰らなかったこと
14 美味しいものを食べておかなかったこと
15 仕事ばかりで趣味に時間を割かなかったこと
16 行きたい場所に旅行しなかったこと
17 会いたい人に会っておかなかったこと
18 記憶に残る恋愛をしなかったこと
19 結婚しなかったこと
20 子どもを育てなかったこと
21 子どもを結婚させなかったこと
22 自分の生きた証しを残さなかったこと
23 生と死の問題を乗り越えられなかったこと
24 神仏の教えを知らなかったこと
25 愛する人に「ありがとう」と伝えなかったこと

出典：『死ぬときに後悔すること25』
大津秀一、新潮社、237ページ、2013年より著者改変

私たちが求める「目的」や「夢」は、日常の忙しさやさまざまな誘惑によって見失いがちです。しかし、限られた時間の中で、自分自身と向き合い、やり遂げたいことを見つめ直すことで、自分の中の本当の「目的」や「夢」に気づくことができます。

## あなたのビジネススイートスポットを見つける

起業という大きな一歩を踏み出すにあたり、最も重要なのは**「好きなこと」「得意なこと」「お客様のニーズ」の3つの要素が交わるポイント、すなわち「スイートスポット」を見つけること**です（図2—1）。

この交点を見つけることが、ビジネス成功への鍵となります。

図 2-1 杉江景子のスイートスポット

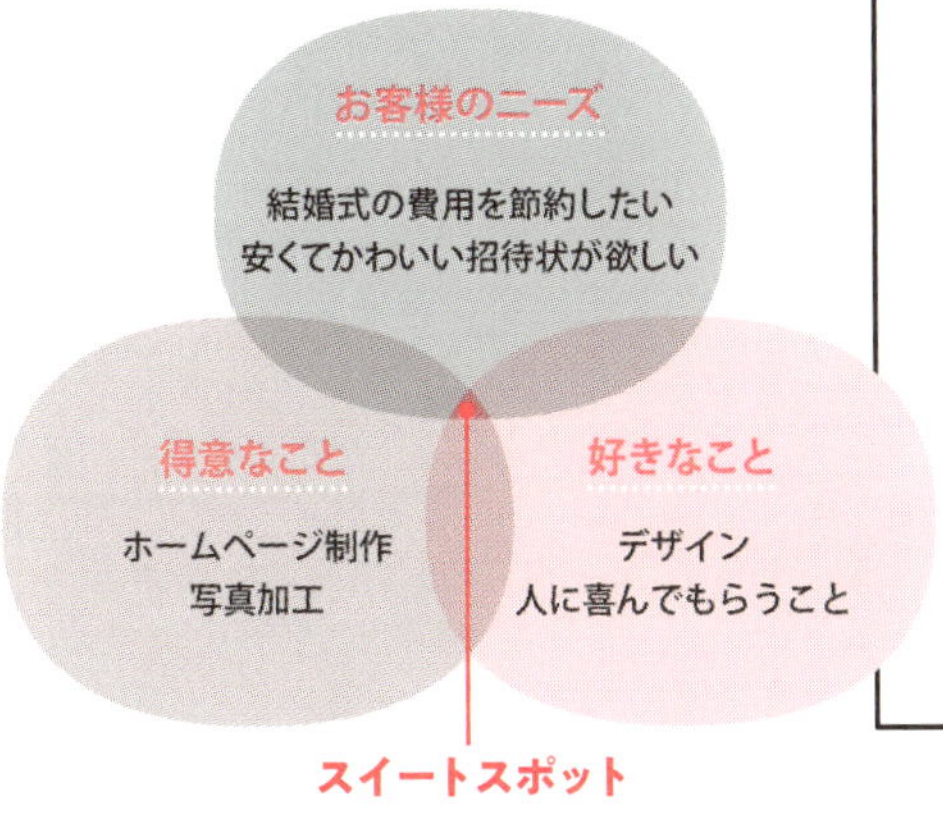

私の場合は、デザインを考えることや、人を喜ばせることが好きでした。そして、得意だったホームページ製作や、写真加工といったパソコンスキルを生かすことで、ホームページを自分で作り、招待状を販売するきっかけとなりました。それで、「結婚式の費用を節約したい」というお客様のニーズに応えることができました。

あなたも、「自分は何が好きで何が得意か」をじっくり考えてみてください。

それらを考えるには、バケットリストを活用することをお勧めします。**バケットリストは、「生きているうちに自分がやりたいこと」を書き出すリスト**ですが、これはビジネスのスイートスポットを見つける上でも役立ちます（49ページ、表2―1参照）。

自分の「好きなこと」「やりたいこと」「興味のあること」など、自分がワクワクすることを思いつく限り、バケットリストに書いてみてください。

おうち起業において重要なのは、自分が情熱を持って取り組めることを見つけ、それをビジネスに結びつけることです。

バケットリストを通じて、夢や目標を見つけ、それをビジネスに生かすことは、あなたにとって喜びと成長の源となるでしょう。

## バケットリストの活用方法

### 1 バケットリストを書く

まずは、紙とペンを用意し、バケットリストを書いてみましょう。例えば「家族で沖縄に行く」や「ヨガを始める」など、**思いついたことをリストアップ**してみてください。大きな夢でも、日常のちょっとした楽しみでも構いません。重要なのは、自分の心がときめくことを見つけることです。

### 2 カテゴリーで整理する

バケットリストを作成したら、それをカテゴリーに分けてみましょう。たとえば、「趣味」「旅行」「スキルアップ」など、**カテゴリー別に整理**します。自分が何に関心を持っているかが一目瞭然になり、夢が見つけやすくなります。

## ③ 優先順位を決める

その後、**それぞれの夢に優先順位をつけていきます。** 比較的簡単に達成できて、ワクワクする夢から優先順位をつけると良いでしょう。優先順位をつけることで、夢の達成に向けた計画が立てやすくなります。

## ④ 期限と達成のための計画を立てる

そして最後に、**夢を叶えるための期限と、具体的な計画を書き加えます。** 期限を設けることで、目標が明確になり、行動に移す意欲が湧きます。また、必要な金額やリソースを明確にし、それに向けた計画を立てることで、夢に向かって確実に進むことができます。

例えば、「1年後に家族で沖縄旅行に行く」と決めたら、そのために必要な費用を計算し、毎月貯金する金額を決めるとよいでしょう。計画を具体的にす

**表2-1 バケットリストの活用方法**

| バケットリスト | カテゴリー | 優先順位 | 期限 | 具体的な計画 | かかる費用 |
|---|---|---|---|---|---|
| 食育を勉強する | スキルアップ | 高 | 今月中 | オンラインの講座を申し込みする | 講座受講39,000円 |
| ヨガを始める | 健康 | 高 | 週2回 | YouTubeを視聴する | 無料 |
| 家族で沖縄に行く | 旅行 | 中 | ○年○月○日まで | 毎月3万円ずつ貯金する | 36万円 |
| 手作りアクセサリーを作る | 趣味 | 低 | ○年○月○日まで | WEBでアクセサリーの作り方を調べ、材料を購入 | 材料費2,000円 |

ることで、夢の達成に向けての道筋が見えてきます。

バケットリストを作成し、それを達成するために努力することで、日々の生活に活力が生まれます。

また、**夢を叶える過程で、家族との絆も深まります。**一緒に夢を追いかけることで、家族の団結力が強まり、共通の目標に向かって協力し合うことができます。

「好きこそものの上手なれ」という言葉があります。自分が楽しみながら、取り組むことができれば、スキルを磨き、向上心を持ち続けることができます。

一方で、苦手なことや興味のないことに取

り組むのはつらく、上達や目標の達成まで時間がかかるかもしれません。

ですから、おうち起業においても、自分の好きなことや得意なことをしっかり考え、自分のスイートスポットを見つけ出すことをお勧めします。

その情熱こそ、継続的な成長への原動力となるのです。

## 夢を現実に変える魔法の未来日記

あなたの夢を叶えるためには、未来を明確にイメージすることが大切です。

OL時代の私も、夢に向かって何度も挑戦しました。しかし、周囲からの理解が得られず、諦めようと思った瞬間もありました。

しかし、夢を口にすることで自分の心に届き、夢が叶いやすくなります。そして、応援してくれる人も必ず現れるのです。

私は、起業して間もない頃から、支えてくれた人たち、応援してくれた人たちのおかげで、今があると思っています。

特に、結婚情報誌に広告を掲載していた際、担当していただいた早水由樹さん（現在は株式会社とやまなび、代表取締役）には、大変お世話になりました。

早水さんの、いつも明るく前向きな姿勢が私の励みとなり、仕事へのモチベーションを高めてくれました。

ある日、早水さんから「未来日記を書いてみてはどうか」という提案がありました。彼女によると、このアイデアはセミナーで学んだもので、**2年後の自分が過ごす理想の一日を細かく記述する**というものです。この方法は、**将来の自分を具体的にイメージすることで、無意識のうちにその目標に向かって行動を起こしやすくなり、結果として、夢や目標が現実に引き寄せられる**というものです。

早水さんが参加したセミナーの講師によると、ある会社の社長が「未来日記」を用いて、目標の年商30億円を達成したという実例があったということでした。彼は長らく年商30億円の壁に挑戦していましたが、ずっと叶えられずにいたそうです。そこで、未来日記に年商30億円を達成し、従業員とともにハワイで祝杯を挙げる様子を具体的に記述しました。

実際に、2年後には、彼の書いた通りの未来が実現し、従業員とともにハワイで祝賀会をすることができたそうです。

この話に触発され、早水さんと私は1カ月後に再会する約束をし、その間に書いた未来日記を共有することにしました。

私は当初、「○○が欲しい」「海外旅行へ行きたい」など、自分の願望ばかりを書き連ねていました。ちょうどそんなタイミングで、第1章で記述した、健康診断の再検査をし、「命」について考える出来事があったのです。

もし、自分の命があとわずかだとしたら……そう考えると、世界の見え方や、物事の価値観がまったく変わりました。例えば、時間の使い方や人との接し方、やりたいことへの取り組み方が大きく変わり、一つひとつの瞬間がとても大切に感じられるようになりました。

図 2-2 杉江景子「2 年後のビジョン」

| | | |
|---|---|---|
| 法人化する | → | 2 年後の時点ですでに法人化し、運営している。 |
| ヨガ | → | ヨガクラスに参加し、身体をケアしている。 |
| 友人との計画 | → | 友人 3 人で集まり、それぞれの家族を含めた温泉旅行を計画している。 |
| パート応募の連絡 | → | 若いエネルギーに満ちた人から、求人応募の電話がある。 |
| 夫との時間 | → | 夜は、夫と一緒にその日の出来事を振り返りながら、お酒を楽しんでいる。 |

未来日記に書く内容も、今、副業としている「ココサブ」の仕事を法人化して、家族、お客様、取引先など、「ココサブ」と関わるすべての人達と、幸せを共有したいという想いが強くなりました。自己中心的な視点から、周囲の幸せを考える視点へとシフトしたのです。

1カ月後の再会で、早水さんと私は未来日記を発表し合いました。

私の2年後の未来日記は、図2－2のようになっています。

2年後の最高の一日が、具体的にイメージできるようになると、あとは、そうなるためにはどうすればよいか、具体的な方法が分かってきます。目標と現在の状況の差異を分析し、そのギャップをどう埋めるかを、逆算して計画を立てていきました。

例えば、7月に法人化を目指す場合、4月までには勤めていた会社を辞める必要がありました。そのためには、1月に上司に退職の意向を伝える必要があるというように。さらに、個人事業主と株式会社の違いについても学ぶ必要がありました。また、商品点数の少なさと、WEBサイトの訪問者数の少なさという現状を改善するため、商品の種類を増やし、サイトを使いやすくリニューアルすることも必要でした。

このように、時系列に沿った詳細なアクションプランを立てた上で、2年後の最高の日を想像し、それを実現するための道筋を描きました。

## 未来日記が叶えた2年後の最高の一日

未来日記を書いてからというもの、私は2年後の理想の一日を実現するために、自分で立てたアクションプランを一つひとつ実行していきました（図2―3）。

ホームページの更新、新商品の開発、広告と宣伝、経理業務など、取り組むべき課題は多岐にわたりましたが、アイデアを実現することが楽しくてワクワクしていました。

一つひとつの小さな目標を達成することで自信が生まれ、次の目標に向かって進むことができました。そして定期的に自分を振り返り、未来日記の計画通りに進んでいるかどうかの確認作業を行いました。

好きな仕事でも、時には思い通りに進まない時や落ち込むこともあるものです。そんな時は、これまでの自分の行動を振り返り、創業時を思い出すことで、ここまで成長できたことを実感し、気持ちを前向きに切り替えることができました。

２０１５年4月2日は、私が未来日記に記した「2年後の最高の一日」でした。

その日記の内容は、すべては実現しなかったものの、80パーセントは叶えることができたと思います。念願の会社設立も達成しました。

友人3家族との旅行は実現できませんでしたが、代わりに3家族で鍋パーティーを楽しみました。また、妹もビジネスに加わり、日常業務を任せることになりました。

図 2-3 杉江景子のアクションプラン

アクションプラン

| | | |
|---|---|---|
| 2015 | 4月 | 2 年後の未来日記　最高の一日 |
| | 7月 | 株式会社設立 |
| | 4月 | 会社退職 |
| 2014 | 1月 | 上司に退職の意志を伝える |
| | 10月 | もっと多くの人に見てもらうために より多くの広告を掲載する |
| | 9月 | ホームページをリニューアルする |
| 2013 | 8月 | 商品点数を増やす |

未来日記を書いていた頃には結婚もしていなかった私ですが、２年後には夫と一緒に夕食をとりながら、その日の出来事を話すことが日課になっていました。

そして早水さんも、当時彼女が書いた未来日記が現実になりました。塾選びのポータルサイト「株式会社とやまなび」を立ち上げ、多くの人に支持されるサービスを提供しています。

column

## 大谷翔平選手とマンダラチャートによる目標達成プロセス

マンダラチャートは、9つのセル（3×3のグリッド）で構成され、さらにそれぞれのセルが細分化される、計81の小セルから構成されています。

このチャートには、中心セルに最終的な「高い目標」を記載し、その周囲の8つのセルに目標達成のための具体的なアクションや要素を書き込む方式がとられます。

今やメジャーリーグのトップ選手、投打の二刀流で「世界の大谷翔平」として野球界を席巻している大谷翔平選手ですが、その卓越した実績とともに、目標を達成するための特殊なツール、「マンダラチャート」を利用していたことで知られています（図2－4）。

彼の成功は、自身の才能と努力によるものですが、その裏にはこのツールが彼のモチベーションや目標達成に貢献していました。

| | | | | | | | | |
|---|---|---|---|---|---|---|---|---|
| 体のケア | サプリメントを飲む | FSQ90KG | インステップ改善 | 体幹強化 | 軸をぶらさない | 角度をつける | 上からボールをたたく | リストの強化 |
| 柔軟性 | 体づくり | RSQ130kg | リリースポイントの安定 | コントロール | 不安をなくす | 力まない | キレ | 下半身手動 |
| スタミナ | 可動域 | 食事夜7杯朝3杯 | 下肢の強化 | 体を開かない | メンタルコントロールする | ボールを前でリリース | 回転数アップ | 可動域 |
| はっきりと目的・目標を持つ | 一喜一憂しない | 頭は冷静に心は熱く | ドラフト１位 ８球団から指名される | | | 軸でまわる | 下肢の強化 | 体重増加 |
| ピンチに強い | メンタル | 雰囲気に流されない | | | | 体幹強化 | スピード160km/h | 肩周りの強化 |
| 波をつくらない | 勝利への執念 | 仲間を思いやる心 | 2010年 | 高校野球部 | 大谷翔平 | 可動域 | ライナーキャッチボール | ピッチングを増やす |
| 感性 | 愛される人間 | 計画性 | あいさつ | ゴミ拾い | 部屋そうじ | カウントボールを増やす | フォークの完成 | スライダーのキレ |
| 思いやり | 人間性 | 感謝 | 道具を大切に | 運 | 審判さんへの態度 | 遅く落差のあるカーブ | 変化球 | 左打者への決め球 |
| 礼儀 | 信頼される人間 | 継続力 | プラス思考 | 応援される人間になる | 本を読む | ストレートと同じフォームを投げる | ストライクからボールに | 奥行きをイメージ |

**図 2-4 大谷翔平選手のマンダラチャート**
**出典：一般財団法人日本マンダラチャート協会**

高校時代の大谷選手の場合、中心のセルには「ドラフト1位で8球団から指名されること」を目標として掲げ、その周囲には”運“を含めたさまざまな要素（例えば「ゴミ拾い」「審判への態度」など）が記載されていました。

この方法は、彼が自身の目標に対して、どのようなアクションをとり、どのような価値観を大切にすべきかを、具体的かつ視覚的に把握する手段となっていました。

**マンダラチャートや未来日記などの共通点は、紙に書き出すことで自分の未来を具体的に想像するところにあり**

**ます。**

自分自身を見つめ直す時間を作り、理想の自分を思い描くことによって、夢は現実のものになるのです。

それは、自分の目指す方向を明確にし、具体的な行動計画を立てるプロセスを通じて達成されます。自分の内面を深く掘り下げ、望む未来を明確にすることは、目標達成への第一歩です。

# 第3章

# ビジネスのアイデアから商品開発の第一歩

**一升かまぼこの実物**

本章では、富山県の伝統的な食文化に根差したユニークな商品、「一升《いっしょう》かまぼこ」の商品化プロセスを紹介します。

一升かまぼこは、富山県の伝統的な食文化からヒントを得て生まれた商品です。富山県では、古くからかまぼこを色鮮やかに装飾する「細工かまぼこ」が、結婚式の引き出物などで使用されてきました。

また、一升かまぼこは、細工かまぼこの技術を応用し、子どもの1歳の誕生日行事で使われる「一升餅」や「一升米」のように、一升、つまり重さ1・8キロのかまぼこでできています。

かまぼこは、天使の羽根をモチーフとしているため、子どもが背負うと羽根が生えているように見えます。カラフルかつ可愛いデザインで、子どもの名前や特別なメッセージを入れることができるように仕上げています。

本章では、私がどうやって一升かまぼこを商品化していったのかを通じて、商品・サービスの生み出し方や実行計画について説明していきたいと思います。

## アイデア爆発！　ブレストマジック

新しい商品やサービスを考える際には、まず根幹となるアイデアを生み出すことが大事です。

**私がアイデアを考える際によく使っているのが「ブレインストーミング」、略して「ブレスト」。**ブレストは、一般的には複数人で行われるアイデア出しのセッションとして知られていますが、1人で行ってもまったく問題ありません。

むしろ、1人で行うブレストは、他人の意見に影響されることなく、自分自身の思考に深く没頭することができます。

私は、起業当初から、アイデアが行き詰まった時や悩んだ時に、1人で車を走らせ、海沿いの駐車場に車を停め、思いつくままにノートに書き込んできました。

自分だけのペースで、自分の内面に眠る創造的なアイデアや、独自の視点を探求することができ、また、じっくりと考えを巡らせることで、新しいアイデアや解決策を見つけ出すことができるのです。

一方、複数人でのブレストでは、参加者それぞれの異なる視点や意見が交り合い、思いもつかなかった意外なアイデアが生まれることがあります。多様な考え方が集まることで、新しい発見やインスピレーションを得ることができます。

1人でも複数人でも行うことのできるブレストですが、おうち起業の場合は、まずは1人でアイデア出しをしてみることをお勧めします。

# 1人ブレインストーミングの方法

## ●快適な環境を整える

1人でブレストを行う場合は、外部からの干渉が極力少なくなるよう、集中しやすい環境を整えましょう。静かな部屋、快適な椅子、必要な文房具やノート、そしてお気に入りの飲み物などを準備し、リラックスできる状態がよいでしょう。

## ●目的を明確化する

まず、ブレストで解決したい具体的な問題や目的（ゴール）を決めます。今回のブレストで何について考えるのかをはっきりさせておくことで、アイデアが出やすくなります。

## ●アイデアの自由な発散

ゴールが決まれば、それに関連することや思いついたことを、思うままに書き出していきます。質より量を重視し、自己批評や自己制限はせず、どんどんアイデアを紙に書き出していきましょう。

何から始めていいか分からない場合は、まずはキーワードやフレーズを書き出してみるのがいいかもしれません。他人に見せるものではないので、自分の頭の中に浮かぶアイデアをすべて書き出すことが大切です。

## ●タイムリミットの設定

制限時間を決めてアイデアを出すと、集中力が増します。この場合、長時間やるのではなく、まずは10~15分といった短時間で行います。短い時間の中で、できるだけ多くのアイデアを出すことを目指しましょう。

## ●休憩を挟む

一定時間、アイデアを出し続けた後は、短い休憩を取るとよいでしょう。散歩などを挟み、リフレッシュすることで、新しい視点を得られることがあります。

## ●アイデアを整理し、評価する

休憩後、再び書き出したリストを見て、似たようなアイデアや関連性のあるアイデアをグループ分けします。その中から、実現できそうなアイデアや、効果が期待できそうなアイデアを選び出していきましょう。

## ●アイデアの深掘り

選び出したアイデアについて、さらに詳しく、具体的に考えてみます。新しい視点からブレストを繰り返すことで、アイデアをどんどん深掘りさせていきます。最終的には、深掘りしたアイデアの中から、どれを商品・サービス化をしていくか決めていきます。

このときお勧めなのが、最も実現可能性が高く、かつ「やってみたい！」と心が踊るような、ワクワクするアイデアを選ぶことです。

商品・サービスを世の中に発表するということは、それ相応の苦労と責任を負うことになります。計画にまとめる前に、本当に自分がやりたいと思えるものなのかどうか、何度も考えてみることをお勧めします。

無数にあるアイデアの中から、企画の骨子となるようなアイデアを見つけ出す。このプロセスを経ることで、初めてビジネスプランを構築する出発点に立つことができます。選ばれたアイデアは実現可能な計画にまとめ、ステップ・バイ・ステップで進める方法を考えましょう。

また、**アイデアがまとまったら、一度家族や友人と共有してみることをお勧めします。**他人の視点や意見を聞くことで、アイデアに新たな側面や改善点を見つけることができる場合があります。自分だけの視点で考え抜いた後に他人の視点を取り入れることで、より洗練されたアイデアへと発展していくでしょう。

## 複数人でのブレインストーミングの方法

複数人でのブレインストーミングは、1人で行うブレストとは異なり、グループの力とさまざまなアイデアをうまく活用することがポイントです。

以下に、効果的なグループブレストを行うためのステップを、分かりやすく説明します。

### ●快適な環境の準備

複数人でブレストを行う場合、参加者全員がリラックスし、アイデアを自由に発言できる環境を整えましょう。

広いテーブル、適切な座席配置、必要な文房具やホワイトボードの準備などがあればいいですね。

### ●目的とルールの明確化

ブレストの目的を明確にし、全員が同じ方向を向いて取り組むことが大切です。また、出されたアイデアに否定的な言葉を使わない、全員が意見を言えるようにする、などのルール設定が有効です。

### ●アイデアの自由な発散

グループメンバーから、質より量を重視してアイデアを出してもらいます。異なるバックグラウンドを持つメンバーからの、多様なアイデアが期待できます。

### ●タイムリミットの設定

制限時間を設けることで、グループの集中力を高め、効率的なアイデア出しを促します。

### ●休憩の挿入

長時間のブレストでは休憩を取り入れ、メンバーがリフレッシュできるようにしましょう。

### ●アイデアの整理と評価

ブレストで出たアイデアを整理し、実現可能性や効果が期待できるものを選びます。ここでの議論と意見交換が重要です。

## ●アイデアの深掘りと選定

選ばれたアイデアについて、さらに詳細を詰め、具体的な計画に発展させます。この段階では、実現可能性と創造性のバランスを重視します。

## ●フィードバックの取り入れ

アイデアが固まったら、外部の人々、例えば家族や友人、専門家にフィードバックを求めます。これにより、新たな視点や改善点が明らかになります。

複数人でのブレインストーミングは、異なる視点を持つ人々が集まり、アイデアを交換し合うことで、より広範囲で深いアイデアを生み出すことができます。参加者同士のコミュニケーションと協力が、成功への鍵となります。

## 起業家の救世主！　アドバイスのプロたち

新商品開発を決めたとき、私は、まず1人でブレストを行いました。そのとき考えたのは、「1歳行事」で使用する「一升餅」や「一升米」の販売です。

元々、自身の子どもが1歳の誕生日を迎えたときに、子どもの未来を占う「選び取りカード」を作成して商品化し、累計1500件以上販売した実績がありました。ブレストをした結果、選び取りカードと1歳行事に用いられる一升餅や一升米は、非常に相性が良く、市場のニーズも十分あると考えたのです。

一升餅の儀式は、日本の伝統的な風習の一つで、子どもが一升（約1・8リットル、およそ1・8キロ）の重さの餅を背中に背負います。この儀式には、「子どもが一生食べ物に困らないように」「健康でしっかりと歩むことができるように」という願いが込められた、子どもの成長を家族や親戚を交えて祝うイベントとして、現代でも広く親しまれています。
しかし、一升餅や一升米はお客様からのニーズがある分、市場にはすでに多くの専門店が存在していることが分かりました。他社では、低コストかつ高品質な商品を提供しており、この競争の激しい市場で、どのようにして差別化を図っていくべきなのか、課題に直面することになったのです。

そんななか、地元の起業支援施設、「高岡まちなかスタートアップ支援施設（TASU）」の商品アイデア発表会に参加したことは、私にとって大きな転機となりました。元々考えていた構想に対して、さまざまなアドバイスをいただくことができたのです。なかでも「富山県の伝統食文化である、細工かまぼこで一升餅を作ってみてはどうか」という、まさに目からウロコの発想の提案をいただきました。

富山県では古くより、かまぼこに職人が装飾を施す「細工かまぼこ」が親しまれています。かまぼこは栄養価の高い食品で、主成分の魚の白身には、子どもの成長に必要なカルシウムやたんぱく質が豊富に含まれています。滑らかで優しい味わいは、小さな子どもにも食べやすいでしょう。

「一升餅を細工かまぼこで作る」という斬新なアイデアにより、従来の一升餅や一升米の販売からアイデアを進化させ、「一升かまぼこ」というこれまでにない、まったく新しい商品を開発することに決めました。

ブレストの方法の際にもお伝えしましたが、自分のビジネスアイデアを第三者と共有し、積極的にフィードバックをしてもらうことは非常に大切です。自分では気づかない視点や、ビジネスアイデアを向上させるための新たなアプローチが、第三者からの意見によって明らかになることがあります。

また、**地域のネットワークや支援施設を利用することで、ビジネス展開に必要となる新たな道筋を見つけることができる**かもしれません。

全国各地にはさまざまな起業支援施設があり、幅広い起業支援プログラムを提供しています。ぜひ一度、お近くの支援施設にビジネスアイデアを相談してみることをお勧めします。

## 支援施設例

・商工会議所

商工会議所は、地域に密着した相談機関であり、起業に関する基本的なアドバイスや情報提供をはじめ、設立手続きや経営相談、各種セミナーなど、幅広いサポートを受けることができます。

・中小企業基盤整備機構（中小機構）

中小企業庁や地方自治体が運営する支援機関です。補助金や助成金、融資制度などの情報提供や、各種経営相談に対応しています。地域ごとに支援内容が異なるため、自分が住んでいる地域にはどんな支援機関があるのか確認しておきましょう。

中小機構と国が連携し、全国各地に展開している「よろず支援拠点」に相談に行ってみるのもお勧めです。

・地域の産業振興団体

地域の産業振興団体は、地域産業の振興や地域経済の活性化を目的に活動しています。起業をサポートしている団体もありますので、相談してみるのもいいでしょう。

・地域の起業家ネットワーク

支援施設とは少し異なりますが、地域の起業家ネットワークに入ることで、先輩起業家からその地域ならではの情報を得たり、経験に即した実用的なアドバイスを受けたりすることができます。

地域の起業家交流会やイベントに参加することで、他の起業家との交流も深まり、アイデアの共有や情報交換を行うことができるでしょう。

## 成功の鍵――市場を読み解くコツ

市場を理解するためには、具体的なリサーチが大切です。

今回の商品開発を進めるにあたり、インターネットで市場調査を行いました。Googleで「一升餅」「一升米」などの関連商品を検索し、市場に出回っている商品の種類や、それらの価格帯を確認して、どのような商品が人気なのか、どれくらいの価格帯で売られているのかを把握するためです。

次に、類似商品を販売している店舗をいくつかピックアップし、それぞれのホームページやECサイトを調査しました。これにより、競合他社の戦略や商品展開を理解することができます。

ここで大切なのが、**商品の顧客レビューを徹底的に読み込むことです。消費者が何を求めているのか、または何を不満に思っているのかを研究します。**消費者の期待や市場のギャップを見つけること。これこそが、商品開発の糸口になるのです。

例えば、一升餅のレビューでは、量の多さや分けにくさ、赤ちゃんが食べる際のリスクなどが指摘されていました。

一方、一升米でも、その場で食べることが難しいという意見があることが分かりました。

その点、かまぼこを使った一升かまぼこなら、分けやすく、子どもでも食べやすいという大きな利点があります。また、地元富山の食文化を反映した商品であることも、差別化するポイントになると考えました。

一升餅の場合、SNS上で赤ちゃんが風呂敷やリュックに餅を入れ、背負って歩く写真が数多く投稿されていました。子どもの成長を写真に収めたい気持ちは、同じ母親としてよく分かります。

しかし、一升餅や一升米の場合、デザイン性のあるものが少なく、写真映えがしにくいのではないかと気づきました。そこで、商品撮影の際に目を引くデザインがいいのではないかと考え、細工かまぼこを天使の羽根の形にして、赤ちゃんに直接背負ってもらうようにしました。

子どもは、親にとって天使のような存在であり、子どもの背中に天使の羽根を添えるデザインならば、親から子への想いを表現することができると考えたのです。そして、細工かまぼこならば、かまぼこに直接イラストや文字を描くことができるため、カラフルで愛らしいデザインに仕上げることができます。

このように、市場調査と分析を通じて、消費者ニーズやギャップを理解し、自社の差別化ポイントを考えていきます。

また、市場調査には、Facebook や Instagram、X（旧：Twitter）などのＳＮＳを活用することもお勧めします。

## ビジョンから現実へ。効果的な夢の実行計画

私が商品開発をする際には、これからの行動指針にもなる「夢の実行計画（事業計画書）」を立てます。これまでお伝えしてきたように、まずはブレストでアイデアを考え、市場調査をして、他社との差別化ポイントを洗い出します。そして、夢の実行計画は、アイデアを整理し、計画に落とし込んでいくためのプロセスです。

夢の実行計画を立てる時には、大きく分けて、次の3つの項目があります。それぞれの項目において、具体的にどのように行動するかをノートに書いて計画していきます。

1. 協力者を見つける
2. 収支計画を考える
3. 商品・サービスの試作

一升かまぼこの開発時に、どのように進めていったのかを紐解《ひもと》きながら、各項目を説明していきましょう。

## 1. 協力者を見つける

自分たちだけで商品・サービスを制作することができない場合、協力してくれる会社や仲間を見つける必要があります。

一升かまぼこの場合は、かまぼこ製造業者との提携が大きな鍵となりました。まずは、協力してくれる会社を見つけるため、インターネットで地元のかまぼこ専門店をリストアップしました。

リストを作る場合は、次のようなポイントで整理することをお勧めします。

・**実績と評判**：創業してからの歴史が長い、または質の高い商品を提供している（人気がある）会社は、信頼できる可能性が高いです。

・**サービスの範囲**：協力会社がどこまで対応可能なのか確認します。一升かまぼこの場合、羽根型で製造できるのか、名入れやメッセージの記入に対応しているかどうかは重要なポイントでした。

・**コミュニケーション**：連携して事業を進めていく場合、問い合わせに対して返答が早いか、丁寧な対応なのかどうかは重要です。双方にとって良いコミュニケーションがとれるかどうかは、その後の進行に大きく影響します。

・**価格と利用条件**：予算内で対応してもらえそうか、予算内で最大の価値を提供してくれそうか確認します。

・**柔軟性**：新商品・新サービスの場合、予期せぬトラブルや、新たなアイデアへと変更していく可能性があります。急な変更にも柔軟に対応できるパートナーを選びましょう。

・**地理的な利便性**：対面での打ち合わせが必要な場合や、緊急時の対応が予想される場合は、地元の会社からリストアップしていくなど、地理的距離を考えて選びましょう。

私の場合、これらのポイントをもとに、リストアップした会社に問い合わせをし、詳細な情報を集めました。その結果、天使の羽根の形をしたかまぼこを作るためには、特殊な技術が必要だと分かりました。

今回、一升かまぼこを制作するにあたり、有限会社加納かまぼこ店の代表取締役である加納豊さんにご協力いただきました。加納さんの会社は、天使の羽根の形のような、従来のかまぼことは違う形も作れる技術を持っており、問い合わせや試作にも、とても柔軟に対応してくださいました。

何より加納さんが、「新しいものを生み出すのが楽しい」と仰っていたことが、依頼する決め手となりました。この言葉から、加納さんがチャレンジ精神を持ち、新しいことに積極的であることが伝わり、安心してお任せすることができたのです。

## 2. 収支計画を考える

商品・サービスの価格を設定する場合は、家計簿をつけることと同じように、収支のバランスを考慮しながら行う必要があります。商品やサービスの価格を決めるとき、まず考慮するべきは、その商品を作るのにかかる原材料費や人件費などのコストを把握することです。

これは、家賃や光熱費といった固定費と似ています。かかるコストを正確に計算し、それを上回る収入が見込めるよう価格を設定する必要があります。

また、商品企画を考える際と同様に、市場調査が欠かせません。他社がどのような価格で同様の商品やサービスを提供しているのか把握することで、競争力のある価格を設定することができます。

これは家電を買いたいとき、どの家電量販店であれば、お得に購入することができるのか比較するのと似ています。市場調査を通じて他社の価格設定が分かれば、いよいよ自社商品・サービスの価格を決めていきます。

私の場合、次の3つのことを意識しています。

## 【適正価格になっているか】

市場より高い金額で商品・サービスを販売したい場合、それ相応の高品質の商品・サービスを提供する必要があります。逆に、質が低い商品・サービスを高価格で販売してしまうと、顧客の信頼を失うことになるでしょう。

質とサービスのバランスが取れているのかを確認します。

## 【利益率の確保】

価格を決めるときには、併せて利益率も設定する必要があります。商品価格から原材料費や人件費を引いた残りが、60パーセント程度の利益として確保できるような価格設定が理想的です。35パーセント以下の利益率では、ビジネスを維持するのが難しくなる可能性が高く、適切な価格設定を再度検討するべきだと思います。

利益率を正しく設定することで、家計でいう貯金の部分をしっかりと確保していくことができます。

【心理的ハードルを下げる】

心理的な効果を生かした価格設定も、一つの手法です。例えば、「999円」という価格は「1000円」と比べて安く感じられ、購買意欲を刺激します。誰しも一度は特売商品を見つけたときに、買う予定がなかったのについ購入してしまった経験があるのではないでしょうか。ときには消費者目線に立ち、購入したいと思える価格になっているのかどうか考える必要があります。

また、一度価格を決めたとしても、市場の状況や原材料のコストが変動する可能性があるため、柔軟に対応していく姿勢が必要です。家計簿での出費を見直しするように、状況に応じて自分の商品・サービスに最適な価格を見つけていきましょう。入念な計画と収支の管理が、成功への鍵となります。

## 3. 商品・サービスの試作

協力会社が決まり、試作ができる環境が整った後は、商品・サービスの具体的な内容を決めます。

一升かまぼこの場合、まずはかまぼこのデザインや色合いを検討し、実現可能なデザインについて打ち合わせを重ねました。「子どもが背負えるような大きさか」「重さは調整可能か」「名前やメッセージはどれくらい入れられるか」などです。

商品の方向性が固まれば、一度試作してもらい、修正を加えていきます。このときにお勧めなのが、具体的な期日を設定することです。まずは、発売日から逆算して、いつまでに試作を完成させるべきかを考え、試作品の受取日などを具体的に詰めていきましょう。

夢の実行計画で具体的に計画を立てた後は、やるべきことを実行していくだけです。**大きな目標を小さな達成可能なステップに分解し、それぞれを段階的に実行していく。**実行に移す際は、一つひとつのステップを丁寧にこなし、それぞれの達成を確認しながら進めていくことが大切です。問題に直面したときは、夢の実行計画を見返し、最終的な目標に向かっているかどうかを確認しましょう。

夢の実行計画作成は、あなたの夢を実現するための強力なツールです。目標に向かって、一歩一歩進むことで、夢は確実に現実に近づくでしょう。

# 第4章

# 商品の魅力とブランド価値の最大化

# 商品・サービスの魅力を伝える

提供したい商品・サービスがまとまれば、その魅力をお客様に伝える必要があります。チラシや商材写真など、広報媒体の準備をしましょう。

## ■写真で伝えるテクニック

写真は、お客様に対して商品・サービスの実用性や魅力を視覚的に伝えることができる、重要なツールです。近年ではインターネットを利用し、簡単にプロのカメラマンに商品撮影を依頼することができます。

一升かまぼこも、プロに依頼し、スタッフのお子さんをモデルとして起用することで、商品のサイズ感や実際に家庭で楽しむ雰囲気を撮影しました。

予算が限られている場合もあるため、日々のＳＮＳの更新に活用する写真は、自分

プロのカメラマンに撮ってもらったスタッフのお子さん

で撮影を行うこともあるでしょう。スマートフォンのカメラ機能が向上している昨今、自宅や日常の環境でも魅力的な写真を撮ることは十分に可能です。基本的な光の使い方や構図の原則を学ぶことで、プロのような写真に近づけます。

しかし、商品やモデル撮影は、プロのカメラマンに依頼することを検討するべきです。商品を最良の状態で撮影し、その魅力を最大限に引き出す技術と経験は、素人が完璧に真似することは難しいでしょう。また、写真は単に商品やサービスの魅力を伝えるだけでなく、それを使ったときにどのような気持ちになれるか、どのような体験ができるかを伝える力があります。

例えば、一升かまぼこを背負って家族でお祝いしている写真を見ると、家族団らんの楽しいひとときや、温かい絆が思い浮かびます。その結果、ただのかまぼこが1歳の誕生日を盛り上げる特別なアイテムとして魅力的に映るのです。

お客様が商品を購入する理由は、その特性や機能だけではありません。**多くの場合、その商品やサービスを使って得られるベネフィット、つまり利点や恩恵に惹かれて購入を決めます。**

一升かまぼこの場合、美味しい、品質が良いといった特性も魅力ですが、それを使って家族と特別な時間を過ごせるというベネフィットが、お客様の心を掴みます。

高機能なカメラの広告写真を見ると、そのカメラで撮った美しい思い出の写真が思い浮かびます。こうした具体的なイメージが、商品やサービスを購入したくなる気持ちを強くします。

商品やサービスがもたらす具体的な使い方や、それによって得られる体験を示すことで、顧客の共感を呼び起こし、購買意欲を高めることができます。

### 商品に命を吹き込むキャッチコピー

商品・サービスの特徴や価値を伝える際には、覚えやすく、心に響くキャッチコピーを考えることも大切です。

例えば、Apple の「Think Different」、Nike の「Just Do It.」、コカ・コーラの「Open Happiness」など、これらの有名なキャッチコピーは、単に商品の機能を伝えるのではなく、ブランドの哲学や価値観をお客様に訴えかけています。

**「富山の伝統食文化で子どもの未来を祝う 一升かまぼこ」というキャッチコピー**は、このかまぼこが単なる食べ物ではなく、**家族との絆や、富山の文化や伝統を象徴しているることを伝えています。**

かまぼこは、富山の伝統行事や結婚式などのお祝い事に使われる、特別なアイテムです。家族や、おじいちゃんおばあちゃんと一緒に、子どもの成長を祝うときにかまぼこを使うことで、その瞬間がより特別なものになります。

キャッチコピーを工夫することで、商品はただのモノから、感情的な繋がりや特別なストーリーを持つ存在に変わるのです。

## ■地域イベントで学ぶ消費者心理

地域で開催されているイベントなどへの出店は、地域での知名度を上げる良い方法です。イベントでお客様とコミュニケーションをとることで、生の消費者の意見を聞くことができます。消費者から直接聞いた意見は、商品・サービスを良くするための重要な情報となります。

またオンラインではなく、実際に現地に赴くことで、商品の特徴や背景を直接お客様に伝えることができます。地域の人々と直接会って話すことで、ファンが増え、リピーターや口コミが増えていく可能性があります。

イベントへの出店は、消費者ニーズを確認する機会のみならず、新たなファンを獲得できる場にもなるのです。

## ■デジタル時代のチラシ活用術

ホームページやSNSが発展している現代ですが、まだまだチラシを活用したPRも効果的です。今はオンラインのツールを使うことで、デザインの専門的な知識がなくても、簡単にチラシを作ることができます。

写真のように、一升かまぼこのチラシは、パワーポイントを使用し、自分でデザインしています。

一升かまぼこチラシ

お勧めの画像制作サイトは、「Canva（キャンバ）」や「デザインAC」です。これらのサイトにはフォーマットが多数用意されているため、簡単にチラシを作ることが可能です。

チラシには、商品名、商品写真、価格、購入方法、商品の魅力など、購入において必要となる情報を整理して記載することで、購入へ繋げることができるでしょう。

完成したチラシは、自宅のプリンターで印刷したり、ラスクルなどオンラインの印刷会社で、必要枚数分を印刷して商品に同梱したり、イベントの出店時にお客様にお渡ししたりと、上手に活用していきましょう。

## ■ビジネスの魂を自社ホームページで伝える

自社ホームページは、子どもが昼寝をしている間や、夜が更けた静かな時間にも、あなたの商品やサービスを見てもらうことができます。

最近では無料のホームページ制作サイトが増え、専門的な技術がなくても誰でも簡単にホームページを制作できるようになりました。「BASE」や「WIX（ウィックス）」「ペライチ」といった無料ツールを活用すれば、あなたの商品・サービスは、簡単にオンライン上で公開できます。

はじめから多額の資金を投入するのではなく、まずは低予算で制作していくことをお勧めします。事業が軌道に乗り、十分な利益を確保できるようになったら、プロに依頼して、さらに洗練されたホームページを制作するのもよいでしょう。

会社のホームページも、「WordPress（ワードプレス）」と呼ばれるホームページ制作ツールを用いて私が制作しています。自ら制作することで、変更やアップデートを迅速に行うことができるのは大きなメリットです。

商品ページでは、単に商品の良さを伝えるだけではなく、提供する商品・サービスがどのように日常生活を豊かにするのか、どんな問題を解決するのかを具体的に示すと良いでしょう。

また、「なぜこの商品・サービスを作ったのか？」という制作までの経緯を語ることで、お客様はその背景に共感します。自分の商品・サービスが生まれたきっかけや、それにかける想いはしっかりと表現しましょう。

**ホームページは、あなたのビジネスの顔となる重要なツールであり、世界にPRしてくれる広報部隊です。**魅力的なコンテンツと共感を呼ぶストーリーがあれば、多くの人々の関心を引き寄せ、あなたのビジネスをより加速させることができるでしょう。

column

## メディア露出の秘密ルート
## ～自社のストーリーを有名誌へ～

私が起業して法人化した際、まずは自社ホームページに「起業ストーリー」を掲載しました。起業までの経験や想いを振り返り、熱い思いを込めて文章にしたことを覚えています。

その後、この文章が複数のメディアの目に留まり、取材のオファーがきたのです！　雑誌『アントレ』と『BIG tomorrow（現在は休刊）』の取材を受け、私の起業ストーリーが掲載されました。

これらの記事がきっかけとなり、さらに多くのメディアから取材依頼がありました。また嬉しいことに、その後も『BIG tomorrow』では、私の起業に対する考えや仕事の裏側に迫る見開き2ページの特集が組まれ、『アントレ』の編集者だった方が出版した起業に関する書籍『ドラッカー理論で成功する「ひとり起業」の強化書』（天田幸宏、日本実業出版社、２０１９年）でも、私の活動が取り上げられました。

自社ホームページに掲載した内容が、大きく社会に波及していったことは本当に驚きでした。

起業への道は、決して平たんではないかもしれませんが、自分の経験や想いを発信することで、多くの人に感動を届けられるのだということを改めて実感しました。

## ビジネスマップの王：Google ビジネスプロフィール登録のメリット

おうち起業を始める際に行ってほしいのが、「Google ビジネスプロフィール」への登録です。Google が提供している情報管理ツールのことで、登録するとGoogle 検索や Google マップ上に、ビジネス情報を表示することができる無料のサービスです。

Google ビジネスプロフィール登録には、次のようなメリットがあります。

・地域の潜在顧客にアクセスしやすくなる

お客様は、Googleなどの検索エンジンを用いて情報を収集します。Google検索やGoogleマップ上に表示されない場合、そもそもあなたのビジネスが気づかれず、見過ごされてしまう可能性があります。

また、特定のキーワードを検索した際に、近くにあるビジネスを表示する機能などがあるため、よりターゲットに近い地域の潜在的顧客にアプローチすることができます。

・最新情報を表示できる

Googleビジネスプロフィールでは、住所や営業時間、連絡先などの情報が表示されるため、きちんと営業されているビジネスであると、お客様に安心感を与えることができます。口コミや写真も表示されるため、ビジネスの概要などを伝えることができます。

# メディアへの情報発信

## ■ビジネスを成功させる――プレスリリース活用術

必要となる広報媒体を作成し、商品・サービスを伝える準備が整ったら、いよいよ商品・サービスをリリース（発売）する段階です。このとき、活用したいのが「プレスリリース」です。

プレスリリースとは、新聞や雑誌に掲載されるように、企業が「PRしたい案件を文章にまとめ、メディアに配信する資料」です。記者の興味を引くタイトル、見栄えの良いレイアウトや情報の厳選・加工が大切です。

実はこのプレスリリース、作成から配信まですべて無料で行うことができるのです！

記事が掲載されれば、お金をかけずに多くの人々にPRすることができ、売上と知名度の飛躍的な向上の可能性があります。社会にあなたのビジネスを広めていくためにも、ぜひ、挑戦していただきたいです。

地方の場合、いきなり全国紙を狙うのではなく、まずは地元の新聞社にプレスリリースを送ることをお勧めします。

全国紙と比べて、地域ニュースとして取り上げられる確率が高いです。記者は、常に新しい情報を求めています。起業したとき、新商品や新サービスを発売するときは、プレスリリースを流す絶好のタイミングです。

私自身、会社の法人化や、新商品・サービスをリリースしたときには、プレスリリースを作成・配信し、地元の新聞に多数掲載していただきました。

一升かまぼこを販売したときは、サポートしていただいた起業支援施設で新商品発表会を行う旨をプレスリリースで配信し、地元の新聞社２紙に取り上げられました。その後、全国紙である読売新聞や日経ＭＪ（日本経済新聞社）にも取り上げられ、より大きな市場にアプローチすることができました。

全国紙への露出は、商品・サービスの信頼性を高め、認知度を向上させる大きなチャンスです。

プレスリリースを作成する際に重要なのは、単に特徴を伝えるだけでなく、どのようにして生まれ、どんな想いを込めて作ったものなのかを伝えます。

一升かまぼこも、富山県の伝統である細工かまぼこの文化をお客様に伝え、新しい時代へと繋げていきたいという想いが、記者の興味・関心を引き、結果として多くの人々へ価値を伝えることができました。

また、自社だけで開発したのではなく、協力会社と連携した商品だったことや、起業支援機関からのアドバイスで商品化したことも、商品の魅力を伝えるストーリーだったといえるでしょう。

## A4サイズでキメる！　プレスリリースの基本フォーマット

プレスリリースは主に、「①見出し（タイトル）」「②リード文」「③本文」「④連絡先」の4つの項目をもとに作成します。

必ずしもA4用紙1枚にまとめる必要はありませんが、重要なのは、伝えたいメッセージが明確で読みやすく、記者の興味関心を引く内容（ストーリー）を含んでいることです。

次ページで、「一升かまぼこ」新商品発表会の報道関係者に宛てたプレスリリースを掲載しておきますので、参考にしてみてください。

報道関係者各位
プレスリリース

2023 年 10 月 20 日
株式会社麻田

---

富山の伝統食文化で子供の未来を祝う　天使の形をした「一升かまぼこ」

**㈱麻田は、10 月 26 日に TASU で新商品発表会を開催します！**

---

ブライダル商品の企画・販売を行う株式会社麻田(所在地：富山県高岡市、代表取締役社長：杉江 景子)は、氷見市の老舗かまぼこ店、有限会社加納かまぼこ店(所在地：富山県氷見市、代表取締役：加納　豊）と連携し、子供の 1 歳の誕生日を祝う「一升かまぼこ（商標登録出願中)」を 10 月 26 日（木）より販売開始します。リリースに伴い、商品発表会を 26 日（木）に「TASU」にて開催を行います。是非貴媒体に取材賜りたく、何卒よろしくお願いいたします。

**【開発経緯】**
当社は、結婚式の招待状や席次表、プチギフトなどの企画・販売を手掛けています。しかし、コロナ禍の影響で結婚式の中止や延期が相次ぎ、当社も全く注文が入らない状況に陥りました。会社の存続のために、なにか新しい商品を生み出そうと着目したのが、子供の 1 歳の誕生日を祝う行事です。

もともと自身の子供の 1 歳の誕生日の時に、子供の未来を占う「選び取りカード」を作成した事をきっかけに、これまで選び取りカードを 1,500 件以上販売してきました。選び取りカードと共に 1 歳行事に用いられる、「一生食べ物に困らないように」「一生健やかに暮らせるように」という意味が込められた「一升餅」や「一升米」の販売を検討していたところ、7 月に開催された TASU での商品発表会にて「一升餅をかまぼこで作ったらどうか？」というアイデアをいただき、商品化を決意。当社と同じく、コロナ禍の影響で冠婚葬祭用のかまぼこの売れ行き状況に危機感を感じていた、㈲加納かまぼこ店と連携し、「一升かまぼこ」を開発。TASU の一言が新商品を生んだ経緯もあり、今回 TASU 初の商品発表会を開催することになりました。

子供の 1 歳の誕生日を祝う一升餅の代わりに、華やかで美味しい「一升かまぼこ」を使うことで、誕生日がより思い出に残るものとなり、また富山県の新しい伝統文化として次世代につながる事を願い、今回商品をリリースします。

**【サービス発表会概要】**
日時：10 月 26 日（木）13：30～
場所：高岡まちなかスタートアップ支援施設 TASU
出席予定者：
・[redacted]
・[redacted]
・[redacted]

**プレスリリースの見本［1面］**

【一升かまぼこの特徴】

①富山県には、古くからの伝統として、細工かまぼこを結婚式の引き出物としてお裾分けする文化があります。一升餅の代わりに、富山県民にとって馴染みの深いかまぼこを使うことで、富山ならではの伝統食文化を次世代に伝え、お子様の大切な一歩を華やかに祝う、新しい１歳のお祝い行事を提案します。

②子供たちは親にとって、天使のような存在です。一升かまぼこは、そういった親御さんの気持ちを、背中に天使の羽をそっと添えるデザインで表現しました。また、かまぼこには、お子様の名前やメッセージを入れることができます。色鮮やかな一升かまぼこは、写真映えすること間違いなし。お祝いの席を華やかに彩る、世界に一つしかないオリジナルのかまぼこで、お子様の成長をお祝いします。

③かまぼこは、おいしいだけでなく、栄養価も高い食品です。かまぼこの主成分は魚の白身で、子供の成長に必要不可欠なカルシウムやたんぱく質が豊富に含まれています。また、かまぼこの滑らかで優しい味わいは、小さなお子様でも食べやすく、カラフルで可愛らしい色・形は、お子様の楽しい食体験を引き出します。

【商品概要】

発売日：2023年10月26日（木）

金額：11,150円（送料無料）

※完全受注生産のため、ご注文から発送まで２週間程度かかります。

サイズ：縦20ｃｍ×横32ｃｍ×高さ３ｃｍ　　重さ：1500g

販売先：ココサブ楽天市場店

【お問い合わせ先】株式会社麻田　[redacted]

プレスリリースの見本［2面］

# プレスリリース4つの基本フォーマット

## 1 見出し：「もっと知りたい」を引き出そう

記者のもとには、毎日数えきれないくらいのプレスリリースが届いています。そのなかで自分の商品・サービスに興味をもってもらうためには、「①見出し」の段階で「面白いな」と思ってもらう必要があります。

プレスリリースを通じて一番伝えたい大切なことや、特徴を簡潔に分かりやすくまとめましょう。

## 2 リード文：5W1Hを使って、簡潔に概要を説明しよう！

見出しで記者に関心をもってもらった後は、リード文でプレスリリースの概要を簡単に説明します。そのときに意識したいのが、5W1H。「When：いつ」「Where：どこで」「Who：だれが」「What：何を」「Why：なぜ」「How：どのように」を記載することで、過不足なく情報が伝わります。

## 3 本文：アイテムやサービスのストーリーと魅力をしっかり伝える！

本文では、商品やサービスについて詳細に説明します。どのような経緯で商品・サービスを開発していったのか、これが社会やお客様にどのような影響を与えることができるのか、丁寧に想いを伝えましょう。

自分が思う他社との差別化のポイントや、商品の特徴などを明確に伝えると、メディアからの取材を引き寄せるチャンスが高まります。

## 4 連絡先：取材のためのアクセスポイント！

プレスリリースの最後には、連絡先を必ず明記しましょう。プレスリリースを見て関心をもった記者が取材したい場合、電話番号やメールアドレスなどに連絡がきます。

いつ取材依頼があるか分からないため、連絡がとりやすい情報を記載しましょう。

## ■プレスリリース配信方法――地元メディアに伝えたいとき

プレスリリースが完成したら、いよいよメディアに配信を行います。主な配信方法として、①FAXまたは郵送、②記者クラブへ持ち込み、③プレスリリースサイトで配信、の3つが挙げられます。

一般的にはFAXまたは郵送でメディア各社に送付することが多いです。FAXは、メディアに瞬時に情報を届けることができ、即座に目にしてもらえる利点があります。一方、郵送は手間がかかるものの、手に取ってじっくりと内容を確認してもらえる可能性が高まります。

また、一度に地元メディアに配信したい場合やメディアの連絡先が分からない場合は、地元記者クラブへの持ち込みがお勧めです。記者クラブは、新聞社やテレビ局など主要メディアの記者が、地域の情報を収集するために集まる場所です。

記者クラブの所在地や連絡先を知りたい場合は、その地域の公式WEBサイトで確認するか、地元の市役所や商工会議所に問い合わせてみましょう。

記者クラブごとに在籍しているメディアの数が異なるため、必要なプレスリリースの部数は事前に電話で確認しておきましょう。

プレスリリースを配信する目安としては、記者が取材日程を調整しやすいように、発売日（記者会見やイベント開催日など）の1週間前までには送付することが望ましいです。また、選挙や地方自治体の大きなイベントなど、地域にとって重要なニュースが多い時期は、掲載されにくい傾向があります。配信時期に主要イベントが重なっていないか、あらかじめ確認しましょう。

## ■プレスリリース配信方法――全国メディアに伝えたいとき

インターネットの普及により、プレスリリースもネット上での配信が可能となり、現在では記者だけではなく、お客様に直接プレスリリースの情報を配信することができるようになりました。

プレスリリース配信サイトを活用することで、地域や業界にとらわれず広範囲に情報を届けることが可能となり、場合によっては大手主要メディアから取材が入る可能性があります。

「@Press（アットプレス）」や「PR TIMES」といった大手プレスリリース配信サイトの場合、サービスの利用料金は、1回の配信につき約3万円～8万円程度となっています（2024年5月現在）。

また、配信サイトごとに活用できるサービスは異なりますが、@Pressの場合、誤字脱字の確認や、原稿の体裁の調整、内容に適した配信先メディアの選定などをサポートしてもらうことができます。

そのほかにも、電話やメールでのヒアリングに基づき、プレスリリース原稿を代わりに作成してくれるサービスなどもあり、プレスリリースの作成に不慣れな企業や個人でも、専門的なサポートを受けながら効果的なプレスリリースを作成することができます。

一升かまぼこは、発売日に合わせて、@Pressでもプレスリリースを配信しました。配信前には、担当の方から電話やメッセージで、丁寧にサポートをしていただき、とても心強かったです。

掲載結果集計を確認すると、「LINEニュース」や「Yahoo!ニュース」などの大手WEBメディアに多数掲載され、広告換算で1000万円以上の価値を生み出すことができました。

大手プレスリリース配信サイトを活用する場合、インターネット上にプレスリリースが公開されるため、**主要なキーワードを設定しておけば、SEO対策（検索エンジンでの上位表示）に役立ちます。**自分のビジネスに関連するキーワードを適切に取り入れるよう意識しましょう。SNSとも連携することができるため、会社や自分のSNSでも積極的に発信することが可能です。

配信後は、一定期間の間、どのくらい閲覧されているのかなど、反応を見守りましょう。配信サイト上で配信後のアクセス数や閲覧者の属性などを確認し、次の広報戦略に生かしていきます。自社ホームページやSNSへのリンクを貼った場合は、各リンク先のアクセス数も確認しましょう。

**プレスリリースは、商品・サービスを広めるための有力な手段です。**プレスリリースの配信を通じてメディアに取り上げられ、多くの人にあなたのビジネスが届くことを願っています。

## SNSマスター——ファンを引き寄せ、夢中にさせる方法

これまで、可能な限りお金をかけずに、商品・サービスの魅力を広く伝える方法をお伝えしてきましたが、一番ハードルが低くて始めやすいのがSNSでの発信です。多くの企業がSNSを利用してブランドの認知度を高め、ファンベースを拡大し、売上を伸ばしています。

しかし、**効果的なSNSマーケティングには、ただ投稿するだけではなく、戦略的なアプローチが必要です。**

SNSマーケティングを行う際には、各プラットフォームの特性を理解し、それに合わせたコンテンツを提供することが必要です。

主要SNSの特徴は、次の通りです（表4―1）。

表 4-1 主要 SNS の特徴

| | |
|---|---|
| Instagram | 若年層を中心に、ビジュアル重視のコミュニケーションが求められ、ファッション、美容、旅行業界などと相性が良い。 |
| X | 拡散スピードが他のＳＮＳより早く、短文でのコミュニケーションが中心。ニュースやトレンドへの素早い反応を求められる。 |
| Facebook | 幅広い年齢層のユーザー層が存在しているが、比較的中高年層（30 代～ 50 代）が多い傾向にあり、長文での情報発信に適している。無料でグループを作成することもできるため、コミュニティを形成しやすい。 |
| LINE | 日本を中心に、友人や家族との密なコミュニケーションツールとして幅広い層が使用している。ポイントカードやクーポンの発行、キャンペーンの告知など、多様なビジネスシーンで利用できる。 |
| YouTube | 長尺の動画コンテンツに適しており、幅広い年齢層が利用している。教育、エンターテインメント、製品レビューなど、多様なジャンルのコンテンツを展開するのに理想的なプラットフォーム。 |
| TikTok | 短い動画コンテンツが特徴で、若年層を中心に爆発的な人気を誇る。クリエイティブでエンゲージメントの高いコンテンツを通じて、強いインパクトを与えることができる。 |

ターゲットに届けるためには、どのSNSを運用していくのがベストなのか。やみくもに情報発信をするのではなく、しっかりと各SNSの特徴を理解した上で運営していきましょう。

また、SNSマーケティングでは、インタラクションと呼ばれる、投稿に対してのユーザーの反応数が重要です。フォロワーからのコメントや質問に迅速に対応し、コミュニティを形成することがブランドロイヤリティを高める鍵となります。

**SNSは単なる広告ツールではなく、顧客とのコミュニケーションを深めるプラットフォームとしても活用する**べきです。私が日々実践してきたなかで感じている、SNSマーケティングを行う際に大切にしているポイントを、いくつかご紹介します。

### ・コンテンツの魅せ方を工夫する

発信を行う際には、一貫したストーリーや質の高いビジュアルで、フォロワーを引き込むことを意識します。投稿する画像や動画は解像度の高いものを使用し、SNSの特色に合わせて文字を入れたり、画像をトリミングしたりして編集し、投稿します。発信内容も、一貫した言葉遣いやトーンを意識することで、ブランドのイメージを形成できます。

・信頼関係を高めるコミュニケーションをとる

フォロワーから質問やコメントがきたときや、トラブルが発生したときは、できる限り迅速かつ真摯《しんし》に対応することを心がけます。SNSの種類によっては、投票機能やQ&A機能など、フォロワーとコミュニケーションをとれる機能が備わっています。

密なコミュニケーションをとることで、フォロワーからブランドのファンになってもらえる可能性があり、ファンが集まることで、口コミによる新規顧客獲得などの効果も期待できます。

・効果的なタイミングでキャンペーンなどを行う

フォロワーに対する感謝の気持ちを表すためにも、適切なタイミングでお得なキャンペーンを実施します。

その際に大切なのは、何のためにキャンペーンを行うのか、という目的をはっきりさせておくこと。新商品・新サービスのPRやフォロワー数の増加など、明確に目的を設定した上で行いましょう。ハッシュタグやリツイートを活用し、気軽に参加できるようハードルを下げて行うと、新たなフォロワーやファンの獲得に繋がりやすいです。

**・「1アクティブ3ゴール」戦略を意識する**

「1アクティブ3ゴール」戦略とは、1つの行動から3つの異なる目標やゴールを達成することです。

例えば、プレスリリースがメディアに取り上げられたら、その瞬間に多くの人の目に触れますが、その注目は一時的です。そこで、そのニュースが掲載されたことを示す画像を作り、その1つの活動(アクティブ)を利用して、商品ページやホームページ、Instagram、Facebookなど、複数の場所にその画像を投稿します。これにより、さまざまな場所で多くの人に情報を届けることができるのです。

SNSマーケティングの世界では、変化が常です。市場の動向、競合の行動、お客様のニーズは常に変わっていきます。**重要なのは、変化を迅速にキャッチし、柔軟に戦略を立てていくことです。定期的な分析と評価を通じて、SNSマーケティングの**

**戦略を常に更新し、最適化していきましょう。**

現代の技術革新により、SNSの利用シーンは大きく変化しています。特に、VR（仮想現実）やAR（拡張現実）のような新しい技術が取り入れられることで、よりインタラクティブなコミュニケーションが可能になっています。「インタラクティブ」とは、相互に作用する、つまり双方向のやりとりが可能な特性を指します。

例えば、VRやARを利用すると、ユーザーは仮想環境や拡張された現実の中で、自ら直接的な影響を及ぼしたり、環境と対話したりすることができます。これにより、ユーザーは単にコンテンツを受け取るだけでなく、その内容にアクティブに関与し、より没入感のある体験が可能になります。

しかし、これらの技術の進化にも関わらず、SNSの核となるのは「人と人との繋がり」です。新しい技術が提供するインタラクティブな体験は、人々がより深く繋がるための手段に過ぎません。真心を込めたコミュニケーションを維持することが、SNSマーケティングの成功に不可欠であり、技術的な進歩とのバランスを取ることが重要です。

# 広告のチャンピオン
## ——Google 広告でリーチを最大化

誰もがインターネットで情報を調べる現代において、ネット広告はビジネスの成長に欠かせない要素の一つです。特に Google 広告は、数ある広告手法のなかでも、特に多くの企業に活用されています。

Google 広告を始める場合には、ターゲットとなるユーザーを具体的に特定しましょう。**性別や年代、住んでいる地域、趣味嗜好など、対象とする商品やサービスの需要が高いターゲット層を明確にすることで、最適な広告を行うことができます。**まずは細かくターゲット像を洗い出し、誰をターゲットにした広告なのかじっくり考えましょう。

Google 広告は、主に「リスティング広告」「リターゲティング広告」「ショッピング広告」といった、3つの広告方法が使われています。

それぞれの特徴については次の通りです。

## 【リスティング広告】

リスティング広告は、Google の検索結果ページに表示される広告です。特定のキーワードに関連する検索を行ったユーザーに対して、関連性の高い広告を表示します。効果的なキーワード選定とクリエイティブな広告文を組み合わせることで、ターゲットユーザーにリーチすることができます。

一升かまぼこの場合、「一升かまぼこ」「一升餅」「一升米」といった関連となるキーワードに対して、リスティング広告を設定しました。

## 【リターゲティング広告】

リターゲティング広告は、すでに自社ホームページを訪れたことがあるユーザーに対して、ネット広告を表示する仕組みです。興味を示したユーザーに再度アプローチすることで、より購買意欲やブランドの認知を高める効果が期待できます。

一方で、一度でもサイトに訪れたユーザーを対象としているため、顧客の新規開拓もしくは認知施策には適しません。

【ショッピング広告】

ショッピング広告は、具体的な商品情報と価格が表示される広告です。ユーザーは商品の外観や価格を一目で比較できるため、主に商品販売に用いられます。商品の画像、価格、詳細が即座に分かり、広告から直接購入ページへのリンクが含まれるため、お客様は迅速かつ容易に購入手続きに進むことができます。

これにより、広告を見たユーザーが製品を購入するまでの距離が短くなり、効率的なコンバージョンが期待できるのです。

ターゲットに合わせてGoogle広告を行った後は、必ずデータを分析しましょう。クリック数*やコンバージョン率*などのデータを元に、広告の改善や予算配分を行うことで、効率的なPRができます。また、特別なイベントやキャンペーンなどを実施する際に、Google広告を展開してもよいでしょう。

例えば、母の日や子どもの誕生日に向けたセールやプレゼント企画を行い、Google広告を活用して周知することで、集客効果を高めることができます。

**Google広告は、予算や目標に応じて柔軟に調整できるため、スモールビジネスで**

**あるおうち起業には相性がいい媒体です。**ただし、競争が激化しているため、正確なデータ分析と改善を行いながら、広告を運用することが求められます。まずは少額からスタートし、実践と改善を繰り返していきましょう。

これらはGoogle広告などのデジタルマーケティングで非常に重要な指標です。

＊クリック数：クリック数は、広告がクリックされた回数を示します。これは、広告がどれだけ関心を引いたか、またはターゲットオーディエンスにとってどれほど魅力的であったかを測定します。クリック数が高いということは、多くの人が広告に興味を持っていることを意味しますが、それだけでは効果的なキャンペーンであるとは限りません。

＊コンバージョン率：クリックした人々のうち、アクション（購入、登録、ダウンロードなど）を行った割合です。この指標は、広告が実際に目的の結果をもたらしているかどうかを測定します。

## ブランドの保護
## ——商標登録のステップとその重要性

商標登録とは、商品やサービスに付ける名称やロゴといった、ブランドを識別する重要な要素を保護するために、特許庁に出願し、他社が使用できないよう登録する方法です。

新しい商品やサービスを提供する際には、何らかの名称やロゴを付けることになりますが、**注意しなければならない点の一つに、商標権侵害の問題があります。**自分で考えた名称やロゴであっても、**他人が商標登録を受けている場合には、使用することはできません。**

私たちは、「このマークが付いている食品ならおいしい」「この名前の洗剤なら安心して使える」など、商標を判断基準の一つとして商品を購入したり、サービスを利用したりしています。そのため、新しい商品やサービスを提供する際には、先に商標調査を行って、その名称が他人の商標権を侵害していないことを確認する必要があります。

もし他社に勝手に使われてしまうと、せっかく築いたブランドイメージが崩れたり、売上を奪われたりするなど、損害が生じる可能性があります。

最初は複雑に感じるかもしれませんが、安心してください。私も起業当初は何も分かりませんでした。商標登録をはじめとして、知的財産の保護や活用の仕方が分からない時には、**特許庁と連携しているＩＮＰＩＴ（インピット）が各都道府県に設置している「ＩＮＰＩＴ知財総合支援窓口」に相談することをお勧めします。**窓口の支援担当者が親切に相談に乗ってくれて、知財の専門家である弁理士や弁護士から無料でアドバイスを受けられます。

ネットが繋がっていれば、ＩＮＰＩＴがサービスしている特許情報プラットフォーム（J-PlatPat）で、登録されている商標やデザイン（意匠）、特許などを簡単に調べることができます。商標権はその商標をどんな商品やサービスに使うかということを指定して権利化されているので、まずは同じような商標が似たような商品やサービスに対して登録されていないかを念入りに検索します。

初めてで使い方が分からないときには、ＩＮＰＩＴ知財総合支援窓口で教えてもらうことができます。検索した結果に対して、窓口の弁理士から商標登録できる可能性はあるのか、商標登録を受けやすい商標にするにはどうしたらよいかなどについて無料でアドバイスも受けられます。

商標登録の出願を行うには、専門家である弁理士に依頼する方法と、自分でやってみる方法があります。登録を受けるハードルが高そうな商標の出願に対しては、特許庁から「これこれ、こういう理由があって商標登録は受けられないですよ」と言ってくる（拒絶理由通知）ことがあります。専門家である弁理士に依頼するメリットは、こういう場合にも、商標登録に結びつけられる可能性が高くなるように、特許庁の審査官に対してうまく反論してくれることです。

この他、出願から登録、その後の権利の維持管理までお任せできるということもメリットです。

自分でやってみる場合には、弁理士への依頼費用はかかりませんが、出願から拒絶理由通知への応答、登録手続き、その後の権利の維持管理を自分で行うことになります。INPIT知財総合支援窓口では、これらの手続きのやり方についてもアドバイスを受けられるので、自分で手続きをしようという方でも、ぜひ窓口に相談しながら進めることをお勧めします。

商標登録は、正しい手順に従えば特段難しいことはありません。A4用紙に必要事項を記入し、印紙を貼って特許庁に郵送すれば完了です。1人で行うには大変に感じるかもしれませんが、適切なサポートと情報があれば、誰でも申請できます。

実際に私も、一升かまぼこやロゴマークなど、知的財産に関する内容をINPIT知財総合支援窓口でアドバイスを求め、商標登録も自身で申請した経験があります。そこでは、手続きについて丁寧で分かりやすい指導を受けることができました。

ただし、特許庁による審査プロセスには時間がかかり、通常半年から1年程度を要することが一般的です。この期間は、特許庁が申請内容の適法性や重複、類似性などを精査するために必要な時間です。したがって、商標登録全体のプロセスは、申請手続きの簡単さとは対照的に、審査までの期間が長くなることを理解しておく必要があります。

**お客様からの信頼を守り、ビジネスの成長を促進させていくためにも、商品登録は検討してみる価値があると思います。**

本章では、一升かまぼこを商品化するにあたり、私がどのようなステップで「企画～販売～ＰＲ」を行ったのか、流れに沿って説明しました。一升かまぼこの伝統と現代の消費者のニーズを組み合わせ、単なる食品ではない新しい価値を生み出しました。

このプロジェクトから学んだことが、これからおうち起業を目指す方々にとって、役立つヒントやアイデアになれば幸いです。

第5章

# 夢を実現したママ起業家たちの成功ストーリー

※取材は2024年4月に行われました。

CASE 01

## 人との出会いを大切にする子育て支援のパイオニア

高木奈津美さん

会社名　ファミーユ株式会社
代表取締役　高木　奈津美さん　2児の母
設立　2020年1月　創業2017年7月
スタッフ　1名
事業内容　イベント企画運営・主婦コミュニティを活用したマーケティング支援
https://famillelab.org/

2017年のある日、高木奈津美さんは自分の夢について、100人近くの経営者が集まる異業種交流会で宣言しました。

「私、今日会社を退職して、子育て関係の仕事で起業したいと思っています」

翌日、高木さんは仕事を退職し開業届を提出しました。高木さんが設立したファミーユ株式会社は、親子で参加できる「ベビーマッサージ」や「親子ヨガ」といったイベントを企画・運営しています。

実際に彼女は、その異業種交流会で多くの経営者に興味を持ってもらうことができ、ビジネスチャンスに繋げていったのです。そして、ハウスメーカーやカーディーラーといった、さまざまな業種の企業と協業し、年間３００件を超えるイベントを成功させています。

高木さんの現在の実績を見ると、過去に深い沈黙の壁に囲まれていたとは想像もつきません。幼い頃から若き日にかけて、彼女は「場面緘黙症《ばめんかんもくしょう》」という、特定の状況下では声を発することができない症状に苦しんでいました。

家族の前では普通に話せるのに、学校などの公の場では言葉を紡ぐことができなかったのです。孤独が日常で、友達ができなかった彼女は、学校でもいつも１人でいたそうです。

高木さんの内に秘められた才能が解放されるきっかけは、18歳の運転免許の講習のときでした。別の学校から来た同年代の女の子が、話しかけてくれたのです。その子は、高木さんが場面緘黙症であることを知らなかったため、自然体で接してきてくれました。その結果、高木さんも無意識のうちに会話ができていたといいます。

この経験により、自分に自信を持てるようになり、明るく社交的な性格へと変わるきっかけとなったのです。
そしてその社交性を活かして、フリーペーパーの雑誌の営業の仕事に就きました。

さらに、結婚と出産も転機をもたらしました。妊娠・出産後は、ママ友からベビーマッサージなどのイベントに誘ってもらい、参加するようになりました。これが後に独自のビジネスへの扉を開くきっかけとなります。

育児休暇を経て仕事に復帰した彼女は、フリーペーパーの会社の社長の提案に応じ、外注として親子サークルのイベント企画に取り組みました。ベビーマッサージ、親子ヨガ、食育セミナー、リトミック教室など、親子が一緒に学び、楽しめるイベントを次々と手掛けていきました。

これらは多くの親御さんから高い評価を受け、瞬く間に大人気になりました。高木さんは、自身の子育て経験を生かして、同じような境遇にある親御さんが抱える課題を解決するための場を創造したのです。

イベントがうまくいっていた矢先に、高木さんが取り組んでいたプロジェクトは、経営上の理由で終了することになりました。しかし、これが彼女にとって新たなスタートのきっかけとなりました。高木さんは「これほど多くの人々に必要とされているなら、自分で続けるべきだ」と強く感じ、独立を決意しました。

その後、高木さんは以前のイベント企画を自ら引き継ぎ、新しいビジネスとして立ち上げたのです。

それからというもの、異業種交流会に週3〜4回のペースで参加し、さまざまな経営者の方に会いに行き、何にでもチャレンジしたそうです。

2019年には、新たなステップとして「ファミーユラボ」を開設し、イベントが行える自社の拠点を作りました。事業は軌道に乗り、2020年には企業としてのさらなる成長を目指し、「ファミーユ株式会社」として法人化をしました。

高木さんとご主人は、出会って20年が経つそうです。ご主人は、高木さんのわがままを優しく聞いてくれるだけでなく、お子さんのお世話も上手です。

「夫婦って面白くて、お互いの足りないところを埋め合うものなんですね」と高木さんは語ります。彼女が苦手とする縫物は夫が手を貸し、家庭での役割分担はお互いの得意分野を生かしながら生活しています。

2020年、仕事はとても順調にいっていた矢先に、コロナウイルス感染症が世の中に蔓延しました。開催予定だったイベントは一つ残らずキャンセルとなり、「この先どうしよう…もう辞めようかな」と、廃業も考えました。そんななか、ある経営者から「高木さんは、覚悟がないんだよ！」と喝を入れられたそうです。

改めて気合を入れ、とにかく「行動しなければ！」という想いで2020年7月、「おさがり交換会」を始めました。「おさがり交換会」とは、子どもがサイズアウトして着られなくなった服を無料で譲ってもらい、欲しい人に譲る活動です。

これまでのイベントで、1500人程度のコミュニティを形成していたので、多くのママさんたちから反響があったそうです。

その後、ママさんたちが集まって情報交換できる場を作るために、古民家を再生し、2021年末から2022年初めにかけて、クラウドファンディングを試み、目標額の60万円を大幅に上回る207万7000円を集めることに成功。高木さんの活動は多くのメディアに取り上げられ、大きな話題を呼びました。

高木さんは現在、女性の起業サポートに力を入れています。対象は、起業したくても家庭やさまざまな事情によりフルタイムで働けない女性。彼女たちに自宅でできる仕事や農業などの柔軟な働き方を提案し、支援しています。

「私は、楽しみながら仕事をしているので、その経験を通じて、どんな環境であっても、好きなことを仕事にする選択肢があるという希望を示したいんです」と高木さんは語ります。

起業する上で、「困難に直面したとき、助言を求められる仲間の存在が大事です」と高木さん。さまざまな人に支えられて事業を成長させてきた高木さんだからこそ、志を同じくする仲間とともにいることで、孤独を感じることなく前進し続けることができるのでしょう。

高木さんは経営者同士の関係を、大きな海に浮かぶ異なる船に例えています。

「それぞれ違う船に乗っている者同士が、危険を知らせ合ったり、安全な進路を共有したりすることでお互いにとってプラスになるんです」

このような情報交換は、ビジネスの世界において重要なガイダンスとなります。

また、高木さんは「周りに常にアンテナを張っておくべきです」とアドバイスします。「自分が興味を持ったことは、積極的に調べることで自然と必要な情報が手に入るんです。女性はグループで行動することが多いですが、セミナーなどに1人で参加し、見知らぬ人と会話を楽しむことをお勧めします」と話します。

「世界には80億の人々が存在するにも関わらず、一生の間に出会える人はごく限られています。砂漠の砂を手ですくうように、わずかな出会いしか得られない。だからこそ、一人ひとりの出会いを運命的なご縁と捉え、それを大切にしてほしい」と高木さんは強調します。


自分自身の課題に果敢に立ち向かい、それを克服した高木さんの生き様を見ると、誰しも自身の未来には大きな可能性が広がっているということが分かります。

また、仲間や経営者同士など、人との出会いや関係の築き方がどれだけ価値あるものかを教えてくれます。人生での出会いの価値を認識し、それぞれの関係を丁寧に育むことの重要性を訴えている高木さんです。

CASE 02

# 双子たちと夢を育むホームベース起業術

野崎詩織さん

会社名　株式会社タニデザイン
取締役　野崎　詩織さん　3児の母
設立　2019年1月（法人化）
スタッフ　3名
事業内容　グラフィックデザイン・WEBデザイン
https://tani-design.com/

自宅でデザイン事務所を経営する野崎詩織さんは一児の母で、取材当時は妊娠中でした。大きな身体的変化と、それに伴う責任を抱えながら、仕事への情熱を燃やし続けていました。

「実は、おなかの赤ちゃんは双子なんです」。そう伝えられ、私は驚きました。「仕事はどうするのか？」とお聞きしたところ、「病院や妊婦さんの状態によって違うのですが、双子の場合は出産50日ほど前からほど入院する方が多いようです。原則としてパソコンは持ち込みができないので、会社との連絡はスマホで行います」とのこと（実際には野崎さんの場合は3週間の入院で済んだそうです）。

これは、おうち起業ならではの柔軟性とデジタルツールを駆使した働き方、そしてスタッフとの息の合った連携で、場所にとらわれず仕事を続けるという最高の例ではないでしょうか。

野崎さんの人生における特別な瞬間に焦点を当てる前に、彼女の過去を少しさかのぼってみましょう。

小学生時代は、絵を描くことが大好きな女の子でした。学校から帰ると、チラシの裏や古いノートにイラストを描いては時間を忘れるほどでした。この「絵を描くことが好き」という純粋な好奇心が、彼女の将来を大きく左右するとは、その頃は思ってもみなかったそうです。

27歳の頃には、アパレル業界でショップのDMなどのデザインをしていました。接客はとても苦手だったそうですが、経営側の意向で仕事の比重は徐々に接客にシフト。「アパレルのことは分からなかったので、本や雑誌を見たり、東京の店舗を見に行ったりして勉強しました」と野崎さん。

地道な努力を繰り返すうちに、接客もだんだんできるようになっていき、徐々に売上が上がっていったといいます。この期間が、後に野崎さんが自身のビジネスを立ち上げる際の「接客の仕方」と「商売のコツ」を身に付ける貴重な経験となったそうです。

そして31歳で結婚。ご主人は、新卒で働いた会社をわずか1年で退社し、自宅でネットショップを開業するという大胆な方でした。ご主人の行動が、野崎さんに新たな視点を与え、「会社に依存せず、自分で稼げる力があれば、もっと自由に、もっと楽しく生きられるのではないか」と、自分の働き方を見つめ直すきっかけとなったのです。

野崎さんは、個人事業主として「タニデザイン」というデザイン事務所を立ち上げました。自分がどんな仕事ができるかをアピールするために、まずは、自身のデザイン事務所のホームページを作成しました。

「でも、単にホームページを作るだけでは、人の目に留まることはありません」と彼女は言います。野崎さん自身も、SEO対策に長けたご主人の助けを借り、野崎さんのデザイン事務所に関する情報や、美味しいお店を紹介するブログの運営を開始しました。

このブログでは、検索されやすいキーワードを巧みに取り入れ、訪れる人々に価値ある情報を提供することを心がけました。面白いことに、ブログの執筆は主にご主人が担当していたそうです。

ご主人がブログを投稿するようになったことで、野崎さんのデザインに関心を持つ人々がサイトを訪れ始め、問い合わせが増加したそうです。さらに、デザインの仕事を受注した後、その仕事の成果をホームページに掲載することにしたのです。

その実績が信頼を築くことになり、新しい仕事の依頼が次々と舞い込む結果となりました。

ビジネスを継続する上で、野崎さんが最も重視したのは、お客様との信頼関係でした。アパレル業界での経験が、ここでも彼女を支えています。店に訪れたお客様一人ひとりと真剣に向き合い、質の高いサービスと商品を提供することで、彼女のファンは着実に増えていきました。そして、これらのお客様がリピーターとなり、ビジネスの安定した収益へと繋がっていったのです。

また、地元のイベントや商工会議所へ積極的に参加することで、地域社会との繋がりを深めることができたそうです。商工会議所への参加も、始めの頃はご主人が行っていましたが、ご主人が商工会議所を「卒業」した後は、野崎さんが引き継ぎ、会員として活動を続けています。

「商工会議所に加入したことで、ビジネス上の問題や悩みを相談できる信頼できる仲間ができた」と言います。

2019年、37歳のとき、月収80～100万円という安定した収入を得るに至った野崎さんは、ご主人と力を合わせて「株式会社タニデザイン」を設立し、社員を1名雇用しました。しかし、起業の航海は常に平穏なわけではありません。コロナ禍が彼女のビジネスにも大きな試練をもたらしました。これまで頻繁に仕事の依頼がきていた顧客からの連絡が突然途絶え、注文のキャンセルが相次いだのです。

「コロナ禍でも社員に給料を支払うために、初めて借金をしました」

これは彼女の社員を雇用することに対する強い責任感と、自身のビジネスへの強い献身を表しています。

その後、国の支援策が具体化するに従い、コロナ関連の補助金を申請する企業からの、ＷＥＢデザインに関する見積もり依頼が急増したそうです。これにより、彼女のビジネスは再び活気づき、忙しい日々が戻ってきました。

子育てと仕事を両立する上で、工夫している点は、「人に頼ること。自分１人ではできない」と話してくれました。

「忙しいとき、仕事ばかりで子どもを構ってあげられなかったせいか、子どもが癇《かん》癪《しゃく》を起すようになったんです。そこで、子どもとの時間を大切にして、一緒にいられる間は子どもの話を聞いてあげるようにしました。スキンシップを図って絵本を読むと、情緒が落ち着きました」と野崎さん。

野崎さんのお勧めは、『つよくやさしい心を育てる　おしえてほとけさま』（ひらたせつこ文、星雲社、２０１５年）という道徳の絵本です。

どうして靴をそろえないといけないのか、どうして悪口を言ったらいけないのかなど、心のこと、人との繋がりのこと、しあわせのこと、いのちのこと…お子さんからの「どうして？」に答えるヒントが詰まっている絵本です。

また、すべてを自分1人で抱え込むことなく、「人に頼る勇気」を持つことも重視するポイントだそうです。野崎さんは、家族や友人の力を借りて、多くの仕事をこなしています。この協力があるからこそ、ビジネスと家庭のバランスがスムーズに取れているのです。

「起業」とはただのビジネスでなく、自分自身を成長させる大きなプロジェクトです。野崎さんが証明するように、それは決して困難なことではありません。小さな一歩を踏み出すことで、人生は確実に豊かになるでしょう。

「おうち起業の最大の魅力は、低コストで始められる点にあります。また、家での仕事は、時間の使い方を柔軟にし、家事と育児のバランスを取りやすくします」と野崎さん。子どもの学校行事や、急な病気にも対応しやすいのです。

「自分でビジネスを始めるのは案外簡単なんですよ」。女性がしっかりと自立してい

CASE 02

れば、それが社会全体の向上に寄与すると信じる野崎さんは、「自己資金があることで精神的な余裕が生まれ、突発的な出費に対しても慌てることが少なくなりました」と語ります。

大切なのは、考える前に行動に移すことです。今日からでも小さな一歩を踏み出せば、新しい未来が開けるでしょう。

CASE 03

## リモート革命の先駆者 子育て中の母が切り拓くＷＥＢ業界

増子　愛さん

| | |
|---|---|
| 会社名 | 株式会社ウエブル |
| 代表取締役 | 増子　愛さん　3児の母 |
| 設立 | ２０１６年９月30日 |
| スタッフ | 21名（正社員・パート含む） |
| 事業内容 | ＷＥＢサイト制作およびＷＥＢシステム開発 |

https://weble.tokyo/

「思えば、あの頃が人生で一番つらい時間でした」。そう語るのは、3児の母親でありながら、WEB制作会社ウエブルを経営する増子愛さん。彼女は、早稲田大学4年生の時に、同じ大学に通っていた現在のご主人との子どもを妊娠し、人生の大きな転機に直面しました。

「大学を卒業後、大手の会社でバリバリ働けると思っていた矢先に妊娠したのは、思いもかけませんでした」。この先の生活の不安に押しつぶされそうな状況で、彼女は母親になることを決断しました。

現在の彼女の会社はというと、自宅を拠点にWEB制作サービスを提供しており、富山と東京にオフィスを構えるまでに成長しています。設立以来、目覚ましい速度で売上を伸ばし、毎年130パーセントから150パーセントの成長を遂げているのです。

特に注目すべきは、会社の社員構成です。8割が子育て中、全員がリモートワークの形態を取っています。この働き方は、新型コロナウイルス感染症が世界に広がる前から、増子さんの会社では採用されていたもので、仕事の合間に子どもの送迎をすることも可能です。子育て中ではないメンバーも、通院や個人の都合で中抜けをしてもOKで、実際に働いている社員からも、働きやすいと好評だそうです。

この働き方のおかげで、増子さんの会社は多くの求職者にとって魅力的な場所となり、多い時には50名以上の求人の応募があるそうです。

元々、小さいころから、情報発信をすることやパソコンを触ることが好きだった増子さん。小学生の時にワープロで新聞を作ったり、中高時代にはＣＧ編集やＷＥＢサイト制作などの趣味を楽しんでいました。

大学時代、ベンチャー起業家の集まりに参加したとき、女性起業家がとても生き生きとしていて憧れたといいます。また、増子さんの実家のお父様も会社を経営しており、創業者であったおじい様が亡くなった後は、おばあ様が会社を切り盛りしていました。おじい様やお父様の姿を小さいころから見て育った増子さんは、いつかは自分も起業したいという気持ちがあったそうです。

大学ではオンライン会議やチャットのシステムを開発する研究班に所属し、妊娠・出産・子育てを経験しながら、リモートで卒業論文を書き上げ、卒業することができました。

東京で働く予定だったところ、出産のために富山に戻り、第一子を出産。その後、富山で就職しました。しかし、東京の大手企業で働くことを夢見ていた増子さんは、大学時代の友人たちがバリバリ仕事をしているなか、自分だけが取り残されていくような孤独感。慣れない子育て。「私もみんなのように第一線でバリバリ働きたかったな」という悔しい気持ちがあったと増子さんは振り返ります。


当時の就職先では、フルタイムで出社しながらの子育てとの両立に苦戦しました。帰ってからも家事・育児があるなかで、自分の時間は限られ、スキルアップのための学習時間の確保にも苦心していましたが、30分でも1時間でも…と食らいつき、徐々にシステムの仕事を任せてもらえることにやりがいを感じたと言います。

その後、おばあ様の病気のため、実家の会社に転職し、手書きそろばんだった業務のDXによる業務効率化を完遂した後、ネットショップ店長を経て、WEBデザインの個人事業主として独立の道を選びました。

独立当時、お子さんの年齢は1歳、5歳、8歳。「小さな子どもを3人も抱えて自分で仕事をこなすのは大変でしたが、出社なしのリモートワークを駆使して、締め切りまでに間に合うように段取りをし、子どもが寝た後に仕事をしたり、なんとかお客様からの要望に応えたいという一心でこなしていました」と増子さんは語ります。

そして、リモートワークを活用することで、仕事が徐々に増え、順調に回り始めました。

しかし、残念ながら地方都市では、子育てをしながら働く女性への偏見が根強くありました。しっかりと事業をしているのに、どこか「主婦だから…」と、なめられるということがあったそうです。また、他にも仕事と家庭の両立に悩み、活躍の道を閉ざされている女性たちの存在も脳裏に浮かびます。

増子さんはそれらに対し、「子育てしながらでも、プロとしてきちんと仕事をし、世の役に立てることを証明したい。そのためにリモートワークで時間の制約を最小限にし、パフォーマンスを最大化して働ける人を増やしたい」と奮起します。

そうして、2016年にWEB制作会社「株式会社ウエブル」を設立し、法人として旗を揚げるとともに、子育て中の女性をはじめとした人たちが、プロとして活躍できる場を提供することにしたのです。これは、彼女自身の経験した孤独感や、挑戦を乗り越えた証しなのです。

増子さんの成功の裏には、家族の協力と工夫がありました。彼女のご主人は3人のお子さんたちの入浴や寝かしつけなどに協力的で、増子さんが仕事に専念できるよう助けてくれました。また、ご主人の父親も経営者のため、ご自身の経験を生かし、ビジネスについていろいろな相談に乗ってくれたそうです。

「褒められた親ではないですが、家庭では、完璧を目指さないことにしています。忙しいときには、出来合いのお惣菜を買っても、栄養バランスが取れていれば自分にOKを出すことにしています」と増子さん。一方で、食卓を囲んで団らんの時間を取ることを大事にしながら、家族への愛情を伝えていきました。

「子どもたちが大きくなるにつれて、お手伝いもしてくれるようになりました。掃除・洗濯・炊事などを担ってくれた場合には、約束したお小遣いを渡しています」

お手伝いにお小遣いを渡すことには、賛否両論があることを踏まえつつ、増子家では責任をもって自分の仕事をし、誰かの役に立って対価を得るための勉強と位置付けているそうです。

また、家族で共有する趣味（ラーメン店や温泉巡り、サッカー観戦）が、忙しい日々のなかで家族の絆を強くしています。お子さんたちと過ごす時間を大切にすることで、増子さんは仕事と家庭のバランスを上手に取っているのです。

増子さんは、「成功の秘訣は、自分の成功を追求しないこと。他人の成功を支援することで喜んでもらい、それが結果として自己の成功に繋がるんです」と言います。増子さんの会社は、お客様のニーズに合わせて効果的なＷＥＢデザインやシステムを提供し、商品の魅力が最大限に伝わったり、業務上の課題が解決されたりすることを大事にしています。ＷＥＢサイトが成功して商品が売れたり、業務の効率化が達成されたりすれば、お客様は満足して、また仕事の依頼に繋がるのです。

「小さくても、諦めずに、今できることを少しずつやっていってほしい。行動することをやめないでほしい。やっている内に、自然と見えてくるものがあります」と増子さんは語ります。

「ノミの話って知っていますか? ノミは本来高く飛ぶ能力を持っていますが、箱に閉じ込められると、その箱の高さに合わせて飛ぶようになります。そして、箱から解放された後も、かつての制限にとらわれて、以前の高さ以上には飛べなくなるんです。この状況を打破するには、より高く飛ぶ他のノミとともにいることで、もっと高く飛べるようになるんです」

起業家としての成功への道は、すでに成功を収めている人々との交流にあるそうです。

自分ができないと思っていたようなことを、当たり前にやってしまっている人の中に身を置くことで、「もしかしたら私にもできるかも!?」と自分の可能性を見いだすことができ、実際に挑戦してみることの繰り返しで、成長することができていると感じているそうです。周囲の人々との関わり合いが、彼女に新たな視野を開き、自身の潜在能力を最大限に引き出すきっかけとなっているのです。

つい2、3年前まで、増子さんは自己疑念に苛まれていました。

学生時代の多くの仲間たちと同じように、第一線の企業に就職して活躍するという道を閉ざされてからしばらくは、どうせ自分は活躍・成功できない…という〝思い癖〟に陥っていました。

「なんだか自分が自分じゃない気がして、しっくりこなかったんです。私なんて…というネガティブな考え方にずっと支配されていました」

しかし、ともに切磋琢磨《せっさたくま》する仲間や、すでに自分らしく活躍している多くの先輩経営者との出会いにより、考え方が180度変わったそうです。

「活躍や成功って何だろうと考えた時に、それは世間一般で『良し』とされるレールの上での出世やお金持ちになることではなく、もっと自分らしい自分、『スペシャルな自分』になっていくことと、それを通して周囲に自分ができる貢献をしていくことに他ならない、とあるとき腹落ちしました。そう考えたときに、巡り巡って『昔から好きだったWEBサイト制作』で誰かの役に立つという道にいることに、『これでいいんだ！』としっくり落ち着いたんです」

子どもたちが大きくなりつつある今、増子さんは「自分らしさ」を追求しています。自分にとっての最善の働き方を見つけ、会社のスタッフをはじめとする周囲の人たちにも、自分らしい働き方を実現してもらうこと。それを見ることで、大きな幸福を感じているそうです。

在宅ワークで、自分らしいキャリア形成をめざす女性向けのセミナーにも登壇するなど、その輪を広げる活動が始まっています。

より自分らしい「スペシャルな自分」であり続けることが、幸せな成功の秘訣に他なりません。

「まだまだワークキャリアの途上ですが、もっとスペシャルな自分を追求できる仲間の輪を広げていきたいです」

CASE 04

## 未来を担う子どもたちのための「塾選び富山」

早水由樹さん

会社名　株式会社とやまなび
代表取締役　早水　由樹さん　1児の母
設立　2015年 2月2日
社員　8名（正社員・パート含め）
事業内容　家庭教師検索サイト「塾選び富山」の運営
https://jyukuerabi.com/

早水由樹さんは、「すべての子どもが自分を褒められる社会」を願い、富山県で子どもたちに最適な学習環境を提供する塾選びのポータルサイトを運営する「株式会社とやまなび」を立ち上げました。このビジネスを通じて、早水さんは、子どもたち一人ひとりが自分の可能性を最大限に発揮する手助けをしています。

現在、子育て中のスタッフは5名。早水さんやスタッフは、富山市にある事務所か自宅、その日によってどちらでも希望の場所で働けるようにしているそうです。

早水さんは、元々塾の講師として、小学生に英語を教えていました。子どもたちが生き生きと学んだことを吸収する姿をみて、いつか塾を設立したいと夢を抱くようになったのです。

その後、リクルートに入社し、結婚情報誌で営業の仕事をするうちに、起業したいという想いが強くなっていきました。そして在職中に結婚し、お子さんを授かり、出産後の育児休暇中にさらに具体的に起業へのイメージが膨らんでいきました。

そして、リクルートを辞め、お子さんが1歳のとき、ついに起業の第一歩を踏み出し、「株式会社とやまなび」を設立したのです。同時に、彼女は実家の近くへの引っ越しを決断し、子育てのサポートを得られる環境を整えました。

「最初から法人化したのは、BtoB（企業間取引）のビジネスだったからです」と早水さんは言います。最初は、個人事業主として小さく始めようと思っていたそうですが、新しく始めた仕事を伝えようと塾の経営者の方に会いに行った時のこと、主婦が自宅で行うプチ起業として軽んじられたことがあるそうです。それを受けて早水さんは、企業が相手のビジネスの場合は、法人化した方が良いという決意に繋がったそうです。

「もし個人事業主のままで事業を始めていたら、相手にしてもらえなかったかもしれません。しかし法人として事業を行うことで、相手の塾の経営者に私の本気度が伝わり、話を聞いてみようと思ってもらえるようになりました」

早水さんのお話から、企業間取引では、法人としてのステータスが個人事業主よりも相手に与える信頼感が非常に大きいことが伺えます。

早水さんの会社は、設立2期目からは黒字となり、順調に伸びていきました。できる限り余分な経費を掛けずに、家賃などの固定費を削減して、会社をスマートに運営したのです。

3年目になると、彼女は会社をさらに成長させるために、初めてパートタイムのスタッフを2人雇いました。もともと在宅勤務をしたいという想いはずっとあったものの、当時はパソコンが苦手なスタッフもいたため、在宅勤務が難しく、スタッフもみんな事務所に勤務していたそうです。

そんな折、新型コロナウイルス感染症が世界中に広がる状況のなかで、早水さんの会社は売上の多くを占めていた取引先が倒産して、売上が20～30パーセントほど減少してしまいました。しかし、これを良い機会だと捉え、すぐに在宅勤務が可能な体制を整えました。

そして、早水さんがいなくても仕事が回る仕組みを再構築しました。それまでは、早水さんがホームページの運営に中心的な役割を果たしており、彼女が不在だとホームページの運営が滞る状況でした。しかし、社長がいないことで、スタッフもいろいろと工夫して自分たちでこなすようになり、サイトのアクセス数が伸びていったそうです。現在は、コロナ前よりも売り上げがアップしているといいます。

これを受けて、早水さんは新しいビジネス進出への余裕が生まれ、現在ではコンサルティング業務でも活躍しています。

「リクルート時代は、常に時間に追われ、忙しい日々を過ごしていました。しかし、起業してからは、スケジュールを自由にコントロールできるようになりました」

早水さんは、現在の働き方に満足しており、「起業して本当に良かった！」と心から感じているそうです。

家事は、スマート家電をうまく活用して、効率化を図っています。特に気に入っているのは、食材をセットするだけで調理をしてくれる「自動調理鍋」。掃除の手間を省くためにお掃除ロボットも導入し、家事の時短に一役買っています。また、食洗器を取り入れることで、さらなる時間の節約を実現しました。家事代行サービスも利用しているそうです。

お子さんが小学生になり、成長するにつれて、生活スタイルも変わりました。当初は自宅から車で片道45分かかる私立小学校への送迎に、毎日忙しい日々を送っていました。しかし、お子さんが3年生になったときに、小学校に歩いて通える場所へ引っ越し、今では送迎に追われることなく、余裕を持った生活を送っています。

子どもの成長や、ライフスタイルに合わせて引っ越しをするなど、柔軟に対応ができるのは、おうち起業ならではのメリットです。早水さんは、スタッフの採用を拡大しても、固定の事務所の規模は最小限にしています。お子さんが成長し、留学や進学などの新たな道を歩み始める際にも、家族が自由に動けるライフスタイルを重視しているのです。

「起業するにあたって、『勢い』は大事です。最初の一歩がなかなか踏み出せなかったりするんです」と早水さんは言います。

「また、『マズローの欲求5段階説』でもあるように、自己実現するためには、最低限、下の土台を確保していないといけません」

「マズローの欲求5段階説」とは、人間の欲求を5つの階層に分けた理論です（図5―1）。

「食べることに困らない、安全な場所に住める、健康を保てる。これがそろって初めて、本気でビジネスに挑戦する気持ちになれるのです」と早水さんは話します。

例えば、毎日の食事に困っている状態、住む場所が不安定な場合では起業するどころか、次の日をどう乗り越えるかで精いっぱいになるでしょう。

このような安定した基盤があるからこそ、リスクを取ってでも何か新しいことに挑

図 5-1 マズローの欲求 5 段階説

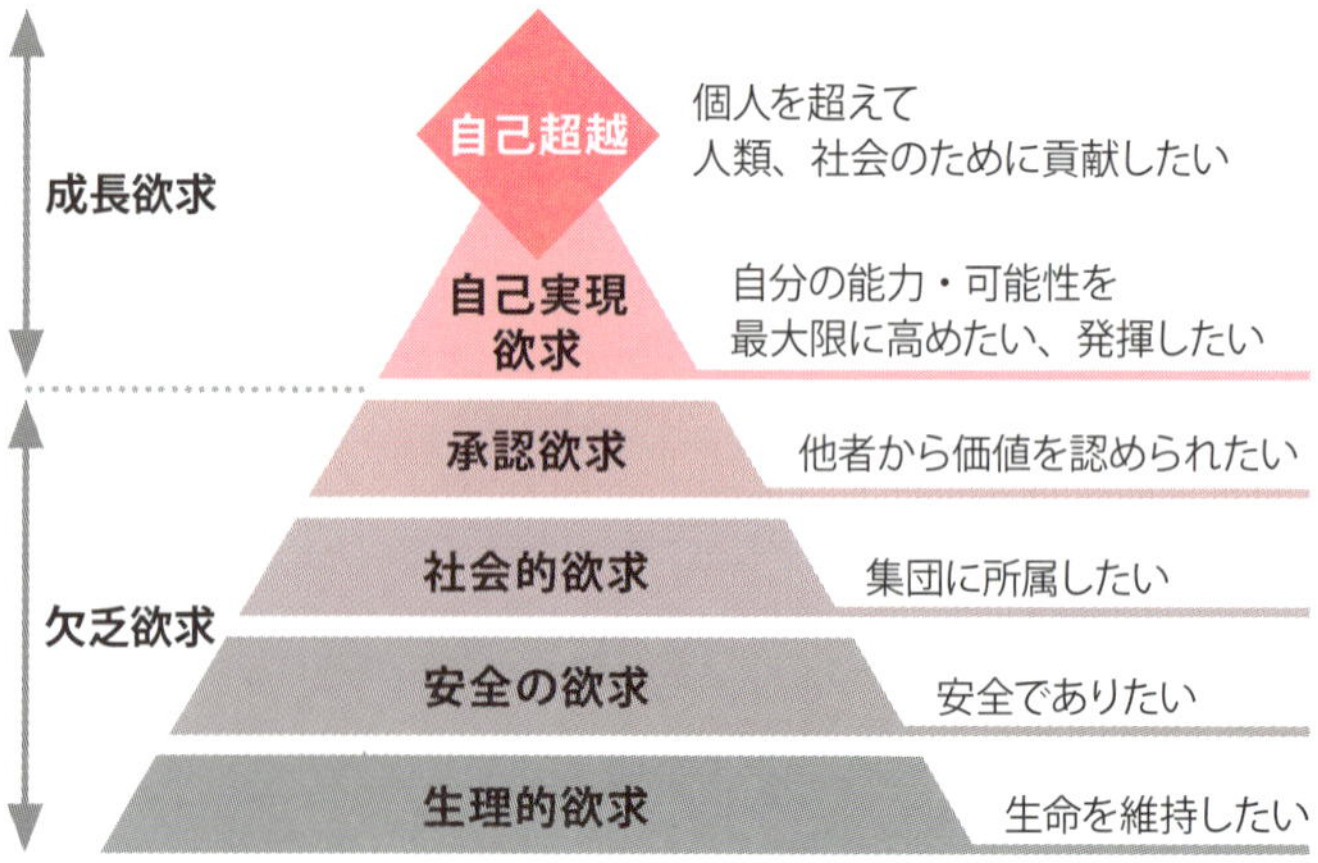


出典：A.H. マズロー「人間性の心理学」産業能率大学出版部、1987 年より著者改変

戦する余裕が生まれるわけです。

さらに、早水さんは「他人の目を過度に気にしてはいけません。周りにどう見られるかを気にするのではなく、自分が何を達成したいのか、どう成長したいのかを明確にすることが重要です」と話します。


また、早水さんは、起業を希望する人に向けての活動にも積極的です。

富山市にある未来共創施設「スケッチラボ」は、起業マインドを養い新しいビジネスやアイデアを生み出したいと考える人が集まる場です。富山県信用保証協会の女性支援チーム「アイラーレ」では広報支援の専門家として、富山県の「よろず支援拠点」ではコーディネーターとして活躍しています。また最近では、専門学校で学生たちにデータマーケティングを教えています。

早水さんの活動は、製造業から宿泊業、美容サロンまで幅広い業種に対して行われており、地元の起業家やビジネスオーナーに対する相談や支援を提供しています。彼女の支援は、起業を検討している地元住民にとって大きな助けとなり、ビジネスを始める際の心強い一歩を踏み出すためのサポートになっているのです。

CASE 05

# 週1回1日10食限定！スナックを間借りして始めたカレー専門店

仲　有紀さん

店名　ひみつカレー
オーナー　仲　有紀さん　2児の母
創業　2011年
スタッフ　7名
事業内容　スパイスカレー専門店
https://www.instagram.com/himitsu_curry/

「うまくいかなかったら、すぐに辞めようと、気軽な気持ちで、大きなリスクを背負うことなく、スタートしました」。そう笑顔で語るのは、チャレンジ精神あふれるスパイスカレー専門店のオーナーの仲有紀さん。

仲さんの最初のステップは、ごくごく小さなものでした。夫の親戚が経営する小さなスナックを借りて週に一度、たった10食のスパイスカレーを提供することから始め、いまや月2000食を提供する人気店へと成長させました。

「自分のビジネスなら、好きなようにできるんです。思い立ったことを形にできる、それがどんなに素晴らしいことか！」と、仲さんは熱く語ります。

2011年、生後11カ月と3歳の2人のお子さんを持つ仲さんは、仕事を探していました。大学卒業後、それまでは映画館、写真館など、「飽きっぽい性格のためか、いろいろな仕事を経験してきました」と言います。

ハローワークで仕事を探すも、デスクワークは苦手だし、これといった良い仕事がなかなか見つかりませんでした。「何をしたらいいのか分からないけど、何者かになりたいという思いだけはずっとありました」。仲さんはそう言って当時を振り返ります。

「次の仕事は、人生最後の仕事にしよう」と考え、必死に過去の自分と向き合う作業、いわば『自分の人生の棚卸し』をしてみることにしました。「好きなこと」と「得意なこと」をノートに書き出したそうです。

仲さんの好きなことは、美味しいものを食べること、人と話をすること、芸術…など。得意なことは、笑顔。特に「いらっしゃいませ」と笑顔で言えることと料理でした。

「この好きなことと、得意なことの重なり合ったところで勝負しようと思ったんです」

そう紙に書いて、私に教えてくれました。美味しい料理を提供し、笑顔でお客様をお迎えすることができる飲食店が良いのではないかと考えたのです。

ちょうどこの頃、ご主人の親戚が経営するスナックで、ランチタイムに食事を提供しないかという提案を受けていました。たくさんのメニューを用意するのは困難だけれど、カレーなら大量に作り置きできると思いました。

さらに、ママ友と気軽に子ども連れでご飯を食べられるお店が、地元には少なかったこともあり、「子ども連れもＯＫ」なカレー屋ならできるのではないかと、自分のペースに合わせて営業を始めました。

「一所懸命考えて始めた仕事ですが、ダメだったらすぐ辞めよう思っていました。なんせ、思いついてから3日後にオープンしましたから。親戚のスナックのお昼営業、ということでお金をかけずに始めたので、いつでも辞められるのが救いでした。カレー皿なんかも100均で買ったお皿でしたよ」

カレー専門店を始めようと思いついたのは良かったのですが、その時にスパイスから作るカレーは2種類ほどしか知らなかったそうで、そこからカレーの本やレシピ本などを読みながら、独学で仲さん独自のカレーを生み出しました。

そんな仲さんの「ひみつカレー」は、週に1回、午前11時から午後2時までの3時間に限って営業を開始しました。SNSやクチコミがきっかけで、どんどん店の知名度は広がっていったそうです。それに伴い、1日10食から20食、30食と提供量を増やしていきました。営業日も週2回に増やし、顧客の需要に応えました。

事業が拡大するにつれ、仲さん1人では対応できなくなってきましたが、そんなときは、自然とママ友が手伝ってくれるようになりました。

そんななか、仲さんの人生に新たな転機が訪れました。ご主人との関係が破綻し、離婚することになったのです。間借りしていたご主人の親戚が経営するスナックでは、もう店を続けることができなくなりました。

地元の大阪に戻ることも考えましたが、お子さんたちはまだ小さく、離婚によって父親と離れ離れになるというメンタル面も心配でした。お子さんたちの生活環境を大きく変えたくないという思いから、市内の鯛焼き屋として使われていた居抜き物件を借りることにしました。テイクアウト専門のカレー店をオープンするという決断をしたのです。

「テイクアウトは、飲食店と違って、お客様は自宅で家族と一緒に食べるため、1人で何食も買ってくれるんです。子どもが小学生の間、平日は18時30分まで学童保育に預けて18時の営業時間終了まで働いていました。そして、土日はお店を知ってもらうために、イベントに出店していました。私にはこの土地に地縁も血縁もないのですが、子育てセンターで知り合ったママ友や学童保育の先生、元夫のお母さんなど、この土地で知り合ったたくさんの方々に助けてもらいましたね」と仲さんは話します。

子どもたちと長く一緒にいられるから良い、というわけではない、と仲さん。大事なのは、その共有された時間を、どのように過ごすかだと言います。

長く一緒にいられない分、晩ごはんの後はボードゲームやトランプをして、子どもとの時間を作る工夫をしました。家族で同じ趣味を持つことで、コミュニケーションを図ることでき、子どもたちの成長を間近に見ることができたそうです。

その後、仲さんは富山市にもテイクアウト専門店をオープンしますが、半年後に新型コロナウイルス感染症が蔓延。しかし、テイクアウト専門店だったことが幸いし、休業することなく続けることができました。そして、その3年後には理想的な居抜き物件を富山県氷見市に見つけ、夢だったテイクアウトとイートインの両方を提供できる店舗を構えました。

お子さんたちには、上の子が小学校1年生、下の子が保育園の頃から、家事を積極的にやってもらっているそうです。「この家には3人しかいない。だから、全員が何かをやらないといけない。家族はチームだからみんなで助け合うんだよ」。そう子どもたちに伝えているそうです。

そして、お子さんたちは家事をすることで、お小遣いを稼ぎます。この仕組みは、お子さんにお金の価値と労働の意義を理解させる教育としても機能しています。

例えば、玄関の靴を整理するような小さな仕事なら1回5円。お子さんたちが成長し、できることが増えると、お米とぎ30円、トイレ掃除50円という具合に、それぞれの仕事には一定の報酬が設定され、お子さんたちは努力に応じた対価を得ることができます。

「うちの子は運動が得意ではないし、飛び抜けて賢くはないですが、生活する力は他のお子さんよりもあるんじゃないかと思います」と仲さん。今では中学生の娘さんは、1人で晩ごはんを作ってくれるし、スーパーでどの食材がどれくらいの金額で売っているかも知っており、料理ができることが自信に繋がっているそうです。

「何より、母も子どもたちのおかげで大きく助かっています！」と仲さんは笑います。家族が一丸となって助け合い、ともに成長することが彼女にとって励みになっているのでしょう。

「起業のメリットは、自分でさじ加減を決められる。こうしたいと思ったこと、やりたいことができること。思いついたことが実現できるのが良いと思います。ですが、アイデアを考えつかない人には、向いていないかもしれません」と仲さんは話します。

「起業に大事なことは、まずは自分に向いた仕事をすることだと思っています。できれば好きでワクワクする仕事を見つけてほしい。向いていない仕事と比べるとストレスが違います。やりたいことは自分に向いていることなのか、を確認してほしいです」

「そして、感覚を研ぎ澄まして、日々の生活のなかで自分はどんなことが好きなのか、ワクワクすることに敏感でいてください。もしもやりたいことがない場合は、動く時じゃない。やりたいことが見つかったら動く時です。自分を深掘りして、書き出してみてください。そうすると見えてくるものがあります。答えは自分の中にあるかもしれません」と、熱く語ってくれました。

仲さんのように、自分が何に対して熱中できるのかを探求することが大切です。やりたいことが明確になったら、チャンスを逃さず、行動に移すことが成功への鍵でしょう。

まだ何をしたいのか分からない人には、じっくりと自分自身を見つめ、仲さんのようにアイデアを書き出してみるとよいでしょう。

CASE 06

## 今日の家庭を支える！　家事代行の革新的アプローチ

中田千秋さん

会社名　株式会社キレイサービス フォーアスマイル
代表取締役　中田　千秋さん　1児の母
創業　2008年11月　設立2011年1月
社員　30名（正社員・準社員員含め）
外部の清掃スタッフ40名
事業内容　家事代行サービス、ハウスクリーニング、オフィス・店舗・ビル清掃サービス
https://kirey.me/

「この仕事を始めたのは、息子のアレルギーがきっかけです」

そう話すのは、お掃除や家事代行の会社を経営する、株式会社キレイサービスフォーアスマイルの中田千秋さんです。

中田さんは、お子さんが3歳の2008年に、母親として家庭を支えながら掃除代行サービスのビジネスを始めました。

中田さんは、独身時代、パソコンインストラクターとしての仕事や、結婚式やイベントの司会者として、20代の10年間を過ごしてきました。結婚・出産を経験して、司会者として復帰してからも、「いつかは結婚式の司会のお仕事で独立したい」と考えていたそうです。

ある日、中田さんは結婚式の司会を3本立て続けにこなした後、突然声が出なくなってしまったのです。以前から扁桃腺が肥大しており、これが原因で頻繁に喉の痛みを感じていたそうです。この経験から、彼女は司会の仕事を長期的に続けることは困難だと思うようになり、別の仕事で起業することを考え始めました。

お子さんが3歳になり、保育園への通園が始まると、本格的に動けるようになりました。2008年9月、どんな仕事をするかまだ具体的に決まっていないなか、創業や新分野への進出の志を持った起業家を支援するために設けられた、「とやま起業未来塾」の創業塾に通うことにしました。そこで、起業について一から教えてもらいながら、事業計画書を書き上げました。

お掃除や家事代行の仕事をするという決断をしたのは、お子さんのアレルギーがきっかけでした。そこで、掃除の大切さに目を向けるようになったのです。掃除会社で働きながら掃除の技術を学び、環境にやさしいエコ洗剤に出合いました。

アレルギーを持つお子さんの母親として、重曹やクエン酸をはじめとする自然素材ハウスクリーニングで、同じ悩みを持つ家族を助けたいという思いが、ビジネスアイデアに繋がりました。

そして3カ月後、チャレンジショップとして月3万円の賃料で7坪のテナントを借り、起業をスタートしたのです。当時は身軽で、低リスクで始めることができたそうです。


2009年3月、ハローワークでパートタイマーを1人募集したところ、予想に反して3人の主婦が応募してくれました。応募者は全員子育て中の主婦。全員、週3日か4日しか働けないという事情がありました。

働く時間に制約がある彼女たちを前に、誰もがライフスタイルに合わせて働けるように、3人全員を採用してシフトを組むことにしました。同い年くらいの小さいお子さんのいるママさんたちだったので、それぞれの事情や気持ちに共感することができました。

「びっくりされるかもしれませんが、仕事が忙しくて、当時子どもは保育園の先生にお願いして、毎日タクシーで帰ってきてもらっていました」と中田さんは言います。事務所の駐車場まで着くと、タクシーの運転手さんがお子さんの手を引いて、事務所まで連れてきてくれたのだそうです。

事務所の1階には食堂があり、そこでお子さんのためにおにぎりを食べさせてくれました。そして、同じ建物の中には、囲碁サロンもあり、囲碁の先生がお子さんに囲碁を教えてくれたそうです。みなさん、忙しい中田さんを案じて、お子さんの面倒を見てくれていたのだと言います。

「あの頃は忙しくていっぱいいっぱいでしたが、当時のことを思い返すと、改めてお世話になったみなさんに感謝しかありません」と中田さんは話します。

中田さんは、それほどまでに仕事が忙しいなかでも、学校行事に積極的に参加しようと努力していました。

「小学校の入学式も授業参観にも行きました。でも、運動会のお弁当は、他の親御さんたちが作るような豪華なお弁当は作れず、恥ずかしくて周りから見えないようにして食べました」

お子さんは、小学校2年生から6年生までバレーボールをやっていました。5年、6年になると対外試合もあるため、送迎や応援に行く必要があり、その分仕事をセーブしなければなりません。

「それまでは仕事が忙しくて、ほとんどバレーに関わってこなかったんです。子どもと触れ合う時間が少なかったのですが、試合の応援に行くことで子どもの上達ぶりや成長を見ることができて良かったです」

「あるとき、頭が痛いと子どもが言い出し、バレーを休むようになったんです。熱もないし、病院に行ってもなんともない。そのうち、学校にも行かなくなったんです。精神科の医師にも診てもらいましたが異常なし。ところが、整体へ行き、勧められたサプリを飲むとなぜだか治ったんです」

女性経営者仲間からは、子どもが寂しい思いをしているのではないか、と言われたそうです。その出来事がきっかけで、お子さんとしっかりと向き合わないといけないと思い、どんなに忙しくても朝晩、お子さんと話す時間を設けることにしたといいます。

この気づきをきっかけに、家庭内のコミュニケーションが改善した結果、お子さんは以前より明るく元気になったそうです。

中田さんが起業を決意した背景には、状況とタイミングが大きく影響したようです。

「子育て中のあの時に、無理してでも起業して良かったと思います。起業しないという選択肢は考えられません。40代になってからだといろいろと考えてしまい、起業はしていなかったと思います。当時、私はまだ若くて、失う物も何もなかったので起業できました」

中田さんが起業を楽しいと感じる理由の1つが、効率化です。業務のオペレーション手順を文章化しマニュアルを作ることで、作業の「漏れ」を防げます。

「起業は、自分自身でマニュアルを作れるのが醍醐味《だいごみ》です。仕組み化、システム化を自分でできることが良いところだと思います。デメリットは、リスク、時間、お金。でもリスクがあって当然なんです。リスクがあるからこそ、私は今ここにいます」

「そして、起業にとって必要なのは、信念、気持ちです。折れない自分が不思議なんですが、私にはまだまだやりたいことがあるんです。しかし、起業しても多くの人がすぐに諦めて辞めてしまう。そういった姿をたくさん見てきました。夢や目標を明確にして、そこに向かってコツコツとやっていけば、成功するんです。そのためには、諦めない気持ちが大事です。私も必ず成功させます」

中田さんの言葉からは、その強い信念が伺えます。

「起業は、まぁ、やろうと思えば誰でもできると思います。起業してみた、したことがある、やってみようかな。そういう人はたくさんいます。しかし、そこから継続して成功を見据えることが何より大事です。辞めることにならないように、長い試練かもしれませんが、コツコツとやり続ければ新たな道に繋がり、そのビジネスを拡大することもできるし、いろいろと広がってくるものがあります」

「子どもは親の背中を見て育ちますから、何事も諦めずに続けることがとても大事だと思います。このような姿勢でいることが、子どもにも良い影響を与えると信じています」

中田さんの物語は、意志の強さ、家族への愛、地域への配慮から家事代行ビジネスを成功に導いたことを教えてくれます。中田さんは勇気と決断で困難に立ち向かい、自分も他人の生活も良くする方法を探求し続けています。

CASE 07

## 輝くママの秘訣 まつ毛サロンと家族の絆

長谷玲子さん

店名　aiREy
オーナー　長谷　玲子さん　3児の母
設立　2015年5月
スタッフ　1名
事業内容　まつ毛サロン
hhttps://www.instagram.com/airey.57/

夢を叶える一歩は、家庭の中にあります。

長谷玲子さんは家族とともに、小さな夢を大きな現実に変えた女性です。彼女が立ち上げたまつ毛サロン（エクステ、ラッシュリフト〔まつ毛パーマ〕）は、家庭的な温もりがあふれる店で、多くのリピーターに愛されています。

自分のペースで楽しく仕事をする秘訣は、仕事量の管理にありました。サロンの予約を1日最大3件に限定することで、自分なりの心地よいワーク・ライフ・バランスが実現できるのです。

「私の優先順位は、まずは子どもたち。そして、自分がリラックスする時間も大事にしています。私には、何も考えない時間が必要なんです」と長谷さん。

「仕事の合間の毎日1～2時間、コーヒーを飲んだり、ネットのサブスクで映画を見たり。他人から見たら無駄だと思われるような時間を過ごしています。夕方は学校から子どもたちが帰ってきて、夜は料理やお風呂など、やることが詰まっています。だからその分、昼間に必ず自分だけの時間を作ります。その時間があるから仕事と家事、育児のバランスが取れているのかもしれません」と長谷さんは話します。

お客様の約8割がリピーターという長谷さんのサロン。お客様とは、起業前の練習の時代や、起業当初から8年以上通ってくれている方もいるそうです。

「リピーターのお客様の中には、結婚して出産されたり、昔はお客様の娘さんが小さかったのに成長されて、今ではどんなことをしているかなど、お客様の人生のステップを垣間見ることができるのが、楽しいんです」

長谷さんは、リピーターのお客様を重視しており、新規の積極的な集客は行っていません。そのため、ホームページは作らず、インスタグラムのみで運営をしています。

「多くの新規予約を受けると、一日に多くの予約をこなす必要があり、時間に余裕がなくなってしまいますよね。焦ってしまうと、その気持ちがお客様に伝わってしまう気がして嫌なんです」

結果、長谷さんの細やかな心遣いがリピーター客の心をつかみ、安定したビジネスへ繋がっているのです。


長谷さんは20代の頃、美容師として働いていましたが、腰を悪くした時にその道を離れました。その後、実家が自営業だったこともあり、実家でお手伝いという形で働いていました。その後結婚し、娘さんが3歳の頃に新築の自宅を構えました。

30代前半になり、小学校4年生、5歳、4歳のお子さんがいるなか、趣味で、いろいろなまつ毛サロンにお客として通っていました。その時のサロン内の慌ただしい様子などを見ると、「こんなお店だったらもっといいのに。こうすれば、もっとお客様にとって、居心地のいいお店になるんじゃないかな」という気持ちが芽生えてきたそうです。

「まつ毛サロンを開くためには美容師の資格が必要ですが、私は過去に美容師として働いていたので、すでにその資格を持っていることに気づきました。そこで、通信教育で数カ月間、まつ毛エクステの技術を勉強しました。その後1年間は、友達や知り合いにお願いして、実践的な練習を続けました。この経験を通して、私は女の人をきれいにすることが好きなんだと再認識しました」

小さい頃、長谷さんの両親は自営業で土・日も休みがなかったので、長期休みにしか一緒に遊ぶことができなかったそうです。だからこそ、自分は子どもの目の届くところにいたいという気持ちがあったと言います。起業することに関しては、親が自営業だったこともあり、まったく抵抗はなかったと話します。

家の近くにアパートを借りて、そこでお店を開こうかと思い、ご主人に相談しました。すると、ご主人からは意外な答えが返ってきました。

「えっ？　アパートは家賃がかかるし、もったいなくない？　家の敷地が余っているから、そこにお店を建てたらいいんじゃない？」という嬉しい反対意見。

「私たちには子どもが3人いますが、当時、子ども部屋は2つしかありませんでした。そこで、夫はお店の2階を子ども部屋にして、1人1部屋を持てるようしたらどうかと提案してくれました」

ご主人が再度住宅ローンを組み直してくれ、家族サポートのおかげで家の敷地内にお店を建てるという大胆な一歩が踏み出せました。

「成功するかしないか分からないけど、試しにやってみようと気軽な気持ちで始めました」

「夫とは、今までけんかをしたことがないんです。家事もできる人がやればよいという考え方で、私が家事をやっていない日があっても、一切何も言わないんです。私が子どもにイライラして怒っている時には、夫が私にちょっかいを掛けてきて、話を和ませてくれるんです。するといつの間にかイライラした気持ちが収まって、『私、何を怒っていたんだっけ？』という気持ちになるんです」

長谷さんは、お子さんたちとのコミュニケーションも大切にしています。「子どもたちの話を聞くことで、彼らの精神状態が分かる」と考えているため、積極的にお子さんたちの話に耳を傾けています。

「例えば友達とけんかをしたと聞いても、怒らずにきちんと話を聞きます。なぜなら、10代の頃しかできないじゃないですか。大きくなってからだと、トラブルに対処できない場合があると思うんです」

アドバイスをする際には、「これはママの意見だけど」と前置きをし、お子さんたちにも自分の意見を持つことの大切さを伝えています。子どもの頃に多様な経験を積むことで、大人になってからも自分で問題を解決できるようになると考えているからです。

「やりたいことがあっても行動に移せない人がいます。その理由は、タイミングや考え過ぎることが原因かもしれません。しかし、何もやらなければ何も変わりません。行動に移す勢いが大事です」と長谷さん。悩む時間があれば、その分行動することで新たな可能性が開けると考えているからです。

さらに、長谷さんは、新しいことを始める際は、人に話してみることが大事だと語っています。

「私もまつ毛サロンをやりたいなと思い、夫に相談したことにより、背中を押してもらって一歩進めました。友達に相談して、練習させてもらい、また一歩進めました。人の繋がりってすごいんです。人と繋がるのは、楽しいし面白い。やりたいことがあれば、人に話してみる。そうすると、人が誰かを繋げてくれる。誰かが背中を押してくれる。1人で考えないで、周りに話してみたらいいと思います」

おうち起業の最大の魅力は、自分の仕事量を調節できる自由さにあります。長谷さんは、その自由を最大限に生かし、家族との時間、自分自身のための時間、仕事の時間をうまく組み合わせることで、充実した毎日を送っています。

「お金があっても、仕事が忙しくてストレスが溜まるのは理想の生活ではありません。それなら、お金がなくても今のままで十分幸せです。『もっと稼ごうと思わないのか？』『もっと夢を見ないのか？』と言う人がいるかもしれません。しかし私からすると、起業という感覚ではないんです。気づいたら楽しくやっていただけ。無理せず、自分のペースで楽しみながら仕事をすることを大事にしています」と長谷さんは話します。

結局のところ、おうち起業はただ単にビジネスを始めるということではありません。それは、自分自身と家族の未来をデザインする旅でもあるのです。

第6章

# おうち起業を叶える成功マインド

## 「言葉の魔法」ポジティブ思考で人生を変える

「言葉」には、驚くべき力があります。私たちの思考や感情、そして行動に大きな影響を与えるのです。日常生活のなかでポジティブな言葉を使うことは、自分自身を励ますだけでなく、周りの人々にも良い影響を与えることができます。

まずは、自分自身に向ける言葉を意識しましょう。

「でも」「だって」「私なんか」といったネガティブな言葉を使う代わりに、「やってみたい」「できる」「頑張ろう！」といったポジティブな言葉を選びます。この小さな変化が、自分の考え方や行動に大きな変化をもたらすのです。

例えば、何か新しいことに挑戦しようと思った時や困難に直面した時も、「私には無理だ」と思うのではなく、「やってみたい、私にもできる！」「大丈夫、乗り越えられる」と自分自身に言ってみましょう。**ポジティブな言葉を使うことは、自己肯定感**

**を高め、自己効力感を強化します。**自己効力感が高い人は、困難に直面しても諦めずに挑戦し続ける傾向があり、成功する確率が高くなるでしょう。

さらに、他人とのコミュニケーションにおいても、ポジティブな言葉選びが重要です。例えば、家族や友人、同僚に対しても、「ありがとう」「いいね！」「素晴らしい！」といった肯定的な言葉を使いましょう。これにより、相手に対する尊敬と感謝の気持ちを伝えることができます。また、**ポジティブな言葉は相手にも良い影響を与え、より良い関係を築くことに繋がるでしょう。**

また、周囲の人々からの支援や協力を得やすくなり、ともに成功への道を歩むことができるようになるのです。

ポジティブな言葉を使うことは、習慣にすることが大切です。毎日、意識的に肯定的な言葉を選ぶように心がけることで、自然とそのような考え方を身に付けることができます。

最終的に、ポジティブな言葉は行動に変わります。行動は習慣になり、習慣は良い結果を生み出します。そして、私たちは目標に向かって着実に進むことができるようになるのです。

自分の夢や目標に向かって前進するためには、自分自身に対しても他人に対しても、ポジティブな言葉を使い続けることが鍵です。

## 一緒に学び、一緒に成長——仲間との交流

ビジネスパートナーや取引先、スタッフといった自分のビジネスに共感し、協力してくれる仲間たちと一緒に働くことで、仕事の楽しさと充実感を得ることができるのです。

ただし、仲間内（イエスマン）だけに囲まれていると、視野が狭くなるリスクもあります。だからこそ、セミナーや勉強会への参加など、新たな知識やスキルを学び続けることが大切です。そこでは、専門家や他業界の起業家から学び、自分のビジネスに生かせる新しい視点や知識を得ることができるのです。

さらに、起業仲間との交流も大切です。**仲間との繋がりを築くことで、知識や経験を共有し合うことができます。**同じ志を持つ仲間たちと繋がり、お互いに刺激し合い、励まし合うことで、モチベーションがアップします。

孤独な起業ではなく、一緒に苦労や喜びを分かち合うことで、意欲が高まり、仲間とともに成長し、成功を目指すことができるのです。

私の経験からも、コミュニティがどれほど力強い支えであるかを深く感じています。私の参加している、異業種の経営者や個人事業主たちが集まるコミュニティは、多様な知識と経験が集まる場所です。仲間たちとの日々の業務や、成功した施策についての情報交換は、新しいアイデアや戦略を生み出す貴重な源泉となります。また、失敗や試行錯誤も共有し合うことで、励まし合い、前向きな姿勢を保つことができるのです。

仲間とともに成長し、より豊かなビジネスを築いていくために、積極的な学びと交流を大切にしてください。

# チャレンジを諦めず、情熱と意欲を持って取り組む

成功への道は、必ずしも平たんではありません。失敗や挫折を経験することもあるでしょう。

おうち起業に取り組むことは、大きな試練であるかもしれません。しかし、その試練を乗り越えることで得られる多くの充実感と自己成長は、計り知れないものがあります。

私自身、過去には大きな壁にぶつかり、諦めそうになる瞬間や、眠れない夜を何度も経験しました。

新型コロナウイルス感染症の影響で、多くの業界が大きな打撃を受けましたが、私もその1人です。

2020年3月、新郎新婦が、WEB上で簡単に結婚式の招待状をプレビューしな

がら作れる新しいサイト（サービス）を、1年以上かけて計画&制作し、ついに販売を開始しました。このプロジェクトには、数千万円もの投資を行いました。

そして、販売開始と同時に、思い切って結婚情報誌（ゼクシィ）に1ページの広告を掲載しました。

しかし、販売開始してみたはいいものの、開始から半年以上経っても注文はほぼゼロ。当時3人いたスタッフの仕事もまったくない状態となり、開店休業状態。それでも、どうしたらこの状況を乗り越えられるかを考え続けました。

そんななかで、あるお客様から、「紙の招待状と、WEBの招待状を分けて送りたい」というご要望をいただきました。

当時、紙の招待状とWEBの招待状を送り分けられるサービスはありませんでした。そこで、友人にはWEB招待状、会社関係や年配のゲストには紙の招待状と、ゲストに応じて送り分けられる機能をシステムに追加し、他にもお客様の声を聞きながらさまざまな改良を重ねました。

その甲斐もあってか、少しずつお客様からご注文をいただけるようになり、「使いやすい」「楽しく招待状が作れた」など、嬉しい声をいただけるようになりました。

状況が厳しいからこそ、新しいアイデアや取り組みが生まれるチャンスでもあるのです。**大事なのは、新しいことに挑戦する勇気と、困難な状況でも前向きに考える心、そしてお客様のニーズにしっかりと耳を傾けることです。**

そうすれば、もしまた壁に立ち向かうことになっても、過去の経験から勇気を得ることができるでしょう。

## 「家族のために生きる」おうち起業で見つけた新たな目的

私は2022年4月、スキューバダイビングで減圧症となり、生死の境をさまよう経験をしました。事故後1週間は、集中治療室のベッドで身動きができない状態でした。常に頭がふらつき、寝ているだけでも周囲が回って見え、まるで船の上でひどく酔っているかのような感覚に襲われました。

幸運にも命は取り留めましたが、回復には長い時間が必要でした。入院期間中、新型コロナの影響で、週に一度、5分間だけ、家族としか面会が許されませんでした。一日の長い時間を病室の静寂のなかで過ごし、私の心は不安と焦り、絶望で、奈落の底に沈み込んでしまいました。

これからの生活において、子育ても、仕事も、家事も、もしかしたらすべてを失ってしまうかもしれないという恐れが私の心を重くしました。自分の存在価値や、「もう生きているのがつらい」という暗い思いに、日々苦しみながら過ごしました。

その気持ちを電話で夫に打ち明けたとき、夫は「子育ても、家事も、自分がやるからしなくてもいい。ただ子どものそばにいて、成長を見守ってあげてほしい。母親がそばにいるだけで、子どもの心は安定する。お願いだから、生きて、子どもの成長を見守ってほしい」と。

その言葉に、私の心は深く打たれました。

そう、私にはまだやるべきことがある。

子どもの成長を見守る大切な使命があるのです。

家事や仕事ができない日々でも、子どもに愛を与え、支えとなることができる。

私たちが働く理由、それは何でしょうか。私の場合は、それが愛する家族との幸せな瞬間を紡ぎ出すためであることを再認識しました。日常の忙しさに追われ、仕事が最優先となりがちで、この大切な原点を見失いそうになっていました。

**私たちの生活の中心は、家庭での笑顔あふれる時間でなければなりません。**仕事も大事ですが、仕事の時間もバランスを取りながら、大切な家族との毎日を過ごしていきたいと改めて思ったのです。

## 「自分を大切に」心と体のリフレッシュ方法

約3カ月の入院の後、退院後も、立ち上がるとめまいを感じるような状態が続きました。しかし、少しでも体調が良い時には仕事をしました。1時間働いて2時間休憩を取る。このペースで、少しずつ仕事を進めることができました。もし私が会社員なら、このような柔軟な働き方は難しく、退職してきませんでしたが、状況に追い込まれていたでしょう。

それまでは、運動や食事にあまり注意してこなかった私ですが、この事故をきっかけに、**「健康が何より大切」という教訓を学びました。**健康でいなければ、仕事も子育ても家事もうまくできないのです。

退院直後は、まともに身体を動かすことができなかったので、県外の病院へ通院する際は、車椅子での移動が必要でした。あれから約2年が経ち、今では、徐々に体を動かすことができるようになってきたものの、めまいの症状は残っています。

通院先の医師からは、症状の改善に特別な方法はなく、できる限り運動をするようにとの指導を受けているため、現在は週に2回、YouTubeを活用し20分程度、激しい動きを伴わないエアロビクスやヨガといった簡単な有酸素運動を行うようにしています。

加えて、スマートウォッチで専用アプリと連携させることで、毎日歩数のチェックもするようにしています。

習慣的な運動は、体力向上にも繋がり、少しずつですがめまいの症状が軽減され、確実に前に進んでいます。日々の生活のなかで、これらの取り組みが自分の健康に繋がり、その結果、仕事や家族を守ることにも繋がっているということを実感しています。

入院前は、よく自分を追い込むほど、仕事を詰め込んでしまいがちでしたが、最近は、自分の感情や身体の声にもっと耳を傾けるようにしています。

どうしても気が乗らないときや、体調がすぐれないときには、無理をせずにその日の予定をキャンセルしたり、後日に延期したりすることも大切だと学びました。

自分の体調や感情を大切にすることで、長期的に見て、もっと健康的でバランスの取れた生活を送ることができるようになります。

忙しいときでも、自分をいたわるために、リラックスできる時間を作ることが大事です。実は、**日常のちょっとしたひとときに、ふと、新しいアイデアが浮かぶことがよくあります。**

お気に入りのカフェで美味しいコーヒーを飲む時間、好きな本を静かに読む時間、好きな映画に没頭する時間、美容室で髪をいたわる時間など、心地よい息抜きを計画的に行いましょう。

特に、子育てで忙しい毎日を過ごしている人にとって、自分自身のための時間は非常に重要です。リラックスすることで心がリフレッシュされ、新たな目標や課題に前向きな気持ちで取り組むことができます。

私には、このような小さな休息は、毎日の活力を再充電するための大切な時間となったのです。

## 自分自身を信じて、自宅起業の成功を叶える！

人生は、予期せぬ瞬間に大きく変わることがあります。私にとって、その瞬間はスキューバダイビングでの事故でした。

事故の直後、病院に救急搬送され、高圧酸素治療室の前まで運ばれたとき、私は医師に「私、死なないですか、助かりますか？」と尋ねました。医師から返ってきた「それは分からない」という冷静な言葉は、私の心に深い恐怖を植え付けました。
その瞬間、私の心は「こんなところで死ねない！　まだやり残したことがたくさんある」と強く思いました。私は、これからも息子の成長を見守り続けたいと思いましたし、家族一緒にさまざまな経験を共有したいと願いました。同時に、仕事で支えてくれるスタッフたちを見捨てるわけにはいかないとも感じました。
そして、長年の夢であった本を出版することもまだ果たしていませんでした。

この経験は、私の人生において何が大切か、そして何に価値を見いだし、情熱を傾けるべきかを改めて考えさせられるものでした。**人生は予測不可能**で、突然すべてが変わってしまうこともあり得ます。そうしたなかで、**「いつかやろう」と考えていることが、実際には「いつか」は来ないかもしれないという現実に直面しました。**

私たちは、日々を過ごすなかで、やりたいことを後回しにしてしまうことがあります。しかし、この事故を通じて私が学んだ最も大切な教訓は、やりたいこと、実現したい夢があるなら、それを**「いつか」ではなく「今」行動に移すこと**の重要性です。

後悔のない人生を送るためには、今この瞬間からでも、小さな一歩を踏み出すことが必要なのです。

私たちの人生は一度きり。

限られた時間を最大限に生き、後悔のない人生を送りましょう。

自分自身を信じ、行動を起こすことで、あなたの思い描いている夢は必ず叶うのです。

子育てしながら働く際に、知っておきたいお金の知識

## 扶養範囲内での賢い働き方

おうち起業を成功させるためには、税金の負担とビジネスの成長のバランスを考慮し、柔軟な戦略を立てることが欠かせません。

扶養範囲内での働き方は、税金の面でメリットがありますが、扶養範囲内で働くことにこだわると、ビジネスの成長にブレーキがかかることがあります。ビジネスの成長を妨げないためには、扶養から外れることも視野に入れる必要があります。

もちろん、税金の負担が増えることもありますが、その分ビジネスが成長し、より大きな収益を得ることが可能になります。限界を自ら設定せず、可能性を広げることで、おうち起業を成功へと導くことができます。

税務に関して、不明な点や具体的な相談がある場合、まずは税務署の無料相談窓口を利用するのがよいでしょう。より専門的なアドバイスが必要な場合は、公認会計士や税理士に相談することをお勧めします。

## 成功のための銀行融資と補助金の活用法

資金調達にはいくつかの有効な方法があります。ここでは、銀行融資、クラウドファンディング、補助金について説明します。

### ・銀行融資の活用

銀行融資は、事業の立ち上げや拡大のために必要な資金を銀行から借りることです。この融資を受けるためには、まずビジネスプランを提出する必要があります。さらに、将来の収益予測を示し、融資の返済能力があることを証明する必要があります（事業計画書）。

多くの場合、保証人や担保の提供も求められます。

今は、女性起業家向けに、一部、特別な融資プランを提供している銀行もありますので、調べてみる価値があります。

### ・クラウドファンディングの利用

クラウドファンディングは、インターネット上で多数の人々から資金を募集する方法です。

このシステムでは、起業家やプロジェクト発起人がオンラインプラットフォーム上で、自分のアイデアや商品、サービスを紹介し、その実現に必要な資金の目標額を設定します。

支援者は、プロジェクトに対して資金を提供することで、そのプロジェクトからの商品や特典、またはそのアイデアを実現することを支援します。

### ・補助金の活用

補助金は、特定の事業費の一部を補うための、政府や地方自治体からの資金支援です。創業補助金は、新規事業の立ち上げ費用の一部をカバーします。

女性起業家のために設計された補助金や、IT関連事業に特化した補助金もあります。これらの補助金を利用するには、提示された条件を満たし、必要な申請手続きを行う必要があります。

具体的な情報や要件は、地域の行政機関や商工会議所で確認できます。

私も、資金調達には銀行融資を受けたり、小規模事業者持続化補助金、ものづくり補助金、事業再構築補助金など、さまざまな補助金を採択していただき、助けられてきました。

何もかも自分1人でやろうとすると、壁は高く感じます。しかし、周りには手を差し伸べてくれる人や組織がたくさんあります。積極的に支援や情報を活用することで、より大きな一歩を踏み出せるのです。

# おわりに

起業する頃から、「いつか本を出版したい」という夢を抱いていた私は、6年前に、東京で開催された、ある「出版コンペ」で、合同フォレスト編集部の山中洋二さんに出会い、出版についてのお話を伺いました。しかし、だんだんと「出版は今の自分には無理だ」と思うようになり、夢から遠ざかっていきました。

その後、スキューバダイビングで大きな事故に遭い、命の危険に直面したのです。

事故後の入院中、体調が軽快する間は自分自身と向き合い、自分が本当にやりたいことをリストアップしてみることにしました。起業当初に書いていた夢リストを、もう一度書いてみたのです。

このリストを作る過程で、改めて「出版したい」という強い願望が心の中にあることに気づきました。生き延びたことで、もう一度夢に挑戦する勇気が湧いてきたのです。もし、この事故がなかったら、私は出版するという夢を諦めていたことでしょう。

私は、出版の夢を追いかける決意を新たにし、改めて山中さん（現・「夢出版」プロジェクト総合プロデューサー）に連絡を取り、合同フォレストの松本威社長に繋いでいただきました。そしてとうとう、夢だった出版への道が開かれたのです。

本書の出版は、私のバケットリストの中で特に意味のあるものでした。日々の生活や子育ての忙しさのなかで、夢を諦めかけていた私にとって大きな自信となり、人生の新たなスタートとなりました。

しかし、これはただの始まりに過ぎません。私のリストにはまだ多くの「叶えたい夢」が残されており、それらを一つずつ実現していきたいと思っています。

夢を追いかける道のりは、決して簡単ではありませんが、挑戦し続けることでそれは現実のものとなります。

どうぞあなたも後悔のないように、今、この瞬間から行動してください。

自分を信じ、一歩ずつ前進していきましょう。それが、どんなに小さな一歩であっても、夢に近づくことに変わりはありません。

最後に、本書が、あなたにとって、新たな挑戦を始めるきっかけとなり、「おうち起業」という旅が、あなたの人生をより輝かせるものとなることを、心から願っています。

2024年8月　　杉江　景子

## *Profile*

# 杉江景子

（すぎえけいこ）

株式会社麻田　代表取締役社長

富山県高岡市在住。一児の母。おうち起業歴15年。

妹から「結婚式の招待状を作ってほしい」と頼まれたことがきっかけで、2009年（28歳時）から約5年間、会社勤めのかたわら、副業として自宅でネットショップを運営（結婚式招待状の作成やプチギフトの販売）。

2014年に事業を法人化し、株式会社麻田を設立。


結婚して母となった現在は、自宅の一角にオフィスを構え、家族との時間を大切にし、子育てをしながら、未就学の子どもを持つママスタッフとともに運営。

これまでに累計10万件以上の取引を行う。子育て中だからこそ生まれた多様なアイデアをもとに、おもに人々の大切な瞬間を彩る商品やサービスを展開している。


2022年、スキューバダイビングの事故で生死の境をさまよったことから、家族への愛と仕事への情熱を再確認する。また、健康の大切さを学び、自分自身と向き合う時間を重視するように。

これらの経験から、夢を追い続けることの意義を再確認し、読者に「夢は実現できる」という強いメッセージを伝えることに尽力している。

企画協力　「夢出版」プロジェクト　山中　洋二
組版・装幀　吉良　久美
図版・イラスト　Coyura
校　正　藤本　優子

夢を叶えるおうち起業
～子育てママのわくわくビジネスライフ～

2024年9月20日　第1刷発行

著　者　杉江　景子
発行者　松本　威
発　行　合同フォレスト株式会社
郵便番号 184-0001
東京都小金井市関野町1-6-10
電話 042（401）2939　FAX 042（401）2931
振替 00170-4-324578
ホームページ https://www.godo-forest.co.jp/
発　売　合同出版株式会社
郵便番号 184-0001
東京都小金井市関野町1-6-10
電話 042（401）2930　FAX 042（401）2931
印刷・製本　株式会社シナノ

■落丁・乱丁の際はお取り換えいたします。


ISBN 978-4-7726-6245-1　NDC 673　188×130


合同フォレスト
ホームページ